その子、発達障害ではありません

IN-Childの奇跡

韓 昌完
ハン・チャンワン
琉球大学教育学部教授

さくら舎

まえがき

　IN-Child（Inclusive Needs Child）という言葉が生まれたのは、2015 年でした。その背景には、学校教育現場でのアドバイザーという経験の中で、子どもの情報共有の場での共通認識が難しいという現状に気がついたことがあります。困るのは私たちのような学校の外部の人だけでなく、学校の先生方や保護者など子どもを取り巻く多くの人でした。
「子どもの特徴をどう捉えてどう伝えたらよいか、そしてどう対応するのが最善か」、そういった悩みを解決するために IN-Child の研究を始めてから、はや 4 年が過ぎようとしています。
　IN-Child とは、「包括的教育を必要とする子」を指します。医療機関で何らかの診断をされた子どもも含みますし、診断を受けていなくとも学習上や生活上の困難があり支援が必要な子どもも含みます。家庭環境や学校の環境によって一時的に包括的教育が必要な子どもも含みます。つまりすべての子どもが含まれるのです。
　子どもは成長・発達の途中にあるので、常に変化していますし環境からの影響を大きく受けることがあります。そうした子どもたちにとって、「今」何が必要なのか、つまり「今」の子どものニーズは何か、を捉えることが IN-Child の基本です。
　IN-Child という名前の通り、「子どもの中の子ども」、つまり、多様な子どもたちがいる中で「どんな子どもでも、子ども同士の輪の中で成長していく」、そういった願いも込められているのです。
　2017 年には、これまでの 15 年間の調査研究をもとに，IN-Child プロジェクトを立ち上げ、その中で研修会も行うのですが、よく「発達障害のことですか？」と聞かれることがあります。
　違います。IN-Child は発達障害ではありません。昨今、発達障害という言葉が独り歩きしていますが、人間の発達に標準はなく、特に発達のプロセスにいる子どもたちは、非常に多様な発達の様子を

みせています。そういう子どもたちに「発達に障害がある」という決めつけが、どれだけ理不尽なのかというのを常に感じています。

　いろいろな地域でIN-Childの勉強会や研修会を通して出会った先生方や保護者の方々の涙を見てきました。発達障害という考え方が学校現場だけでなく家庭でも多くの悩みを生んでいます。こうした人たちとの出会いが、IN-Childの本を出版しなければならないと思ったきっかけとなったのです。

　私は研究者なので、本を出版するにあたっては、研究成果や現場での実践成果をしっかりまとめ、長い時間をかけて出版の作業をすることを考えていました。

　しかし、私が思った以上に多くの成果（子どもの変化）が出てきたので、ここで一旦みなさんと成果の共有の場を設けたいと思い今回の出版に至りました。

　私にとってこんなに早く成果が出て出版できること自体がIN-Childの奇跡です。

　全世界の子どもたちをみていても、一人として同じ子どもはいません。1000人いれば1000通り、多様性で溢れています。そして、その未来も1000人いれば1000通り。「子どもたちが多様な未来を描けるように支えたい」そんな気持ちで、日本からIN-Childの取り組みを進めています。大きな未来は、「今」目の前にいる子どものニーズに誠実に応えることからはじまります。

2019年2月
IN-Childプロジェクト代表
琉球大学教育学部教授

ハン　チャンワン
韓　昌完

もくじ

まえがき ……………………………………………………………………… 2
この本の読み方 ……………………………………………………………… 10

IN-Childとは ……………………………………………………… 12

「IN-Child」を定義するまで ………………………………………………… 14
「IN-Child Record」が開発されるまで …………………………………… 15

IN-Child Classroom ………………………………………… 16

IN-Childがいる

PART 1 甘えん坊な子 ……………………………………………………… 18
PART 2 身だしなみが整っていない子 …………………………………… 22
PART 3 いつも体調が悪い子 ……………………………………………… 26
PART 4 机からはみ出しちゃう子 ………………………………………… 30

ひとりごと 姿勢と集中力の関係 …………………………………………… 34

PART 5 忘れっぽい子 ……………………………………………………… 36
PART 6 よく飛び出す子 …………………………………………………… 40
PART 7 授業中に立ち歩く子 ……………………………………………… 44

ひとりごと ADHD(注意欠如・多動症)傾向の子は
「暴力的」なんかじゃない! ……………………………………… 48

PART 8 こだわりがある子 ………………………………………………… 50
PART 9 一人で遊んでいる子 ……………………………………………… 54
PART10 繰り返しちゃう子 ………………………………………………… 58

ひとりごと	ASD（自閉症スペクトラム）とサヴァン症候群	62
PART11	読み書きがとっても苦手な子	64
PART12	算数がとっても苦手な子	68
ひとりごと	合理的配慮の意味	72

IN-Child School ……………………………………………… 74

IN-Childがいる

PART13	お絵描きばかりしている子	76
PART14	身体が弱くて休みがちな子	80
PART15	授業中、眠そうにしている子	84
PART16	夜中にゲームばかりしている子	88
PART17	自分の意見が書けない子	92
PART18	強い光が苦手な子	96
PART19	大きな音が苦手な子	100
PART20	運動が苦手な子	104
PART21	やりたいことが見つからない子	108
PART22	お家でダラダラしている子	112

講義の時間：1限目〈IN-Childと学級経営〉 ……………… 116
講義の時間：2限目〈IN-Childと学習のお話〉 ……………… 120
講義の時間：3限目〈IN-Childがいる環境整備〉 …………… 126
講義の時間：4限目〈IN-Childにわたす秘密の付箋〉 ……… 128

もくじ

IN-Child HEROs

CASE 1 みんなの前で喋れるマン
　　　　　──カギは得意をいかす ……………………… 131

CASE 2 自分の考えを表現できるマン
　　　　　──カギは考える時間の確保 ……………………… 139

CASE 3 人に優しくなれるマン
　　　　　──カギは家庭との目標の統一 ……………………… 147

CASE 4 落ち着いて授業に参加できるマン
　　　　　──カギは感情の整理 ……………………… 155

CASE 5 話が上手にできるマン
　　　　　──カギは少しの想像力 ……………………… 163

CASE 6 みんなのお手本になれるマン
　　　　　──カギはリーダーシップと責任感 ……………………… 171

CASE 7 元気にテスト受けられるマン
　　　　　──カギは医教連携 ……………………… 179

CASE 8 ゆっくり大人になれるマン
　　　　　──カギは認められる環境作り ……………………… 187

CASE 9 勉強でやる気出せるウーマン
　　　　　──カギは自己コントロール ……………………… 195

CASE10 生活習慣が身につくマン
　　　　　──カギは環境作り ……………………… 203

IN-Child Recordのつけ方 ……………………… 212
IN-Child Record記入用紙 ……………………… 214
IN-Child Recordの読み方 ……………………… 220

Q&A	240
研究Column	244
あとがき	252
参考文献	255

その子、
発達障害ではありません
IN-Childの奇跡

この本の読み方

1.「IN-Child がいる」の読み方

〈ケースタイトル〉

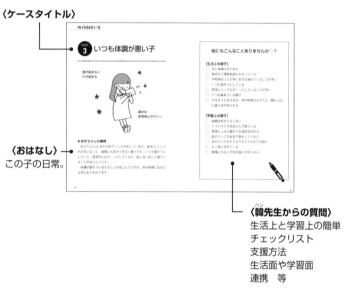

〈おはなし〉
この子の日常。

〈韓先生からの質問〉
生活上と学習上の簡単
チェックリスト
支援方法
生活面や学習面
連携　等

〈IN-Child Record〉

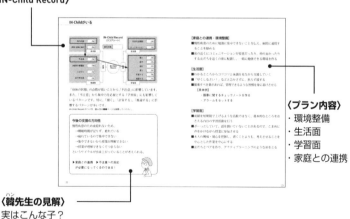

〈プラン内容〉
・環境整備
・生活面
・学習面
・家庭との連携

〈韓先生の見解〉
実はこんな子？

2.「講義の時間」の読み方

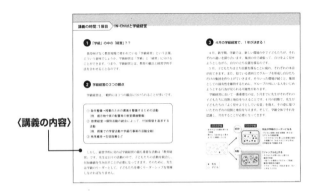

〈講義の内容〉

3.「ひとりごと」の読み方

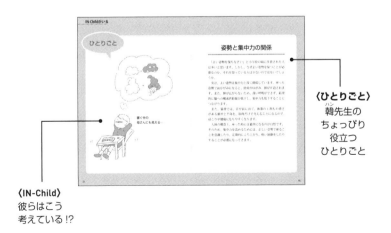

〈ひとりごと〉
韓(ハン)先生の
ちょっぴり
役立つ
ひとりごと

〈IN-Child〉
彼らはこう
考えている!?

IN-Childとは

IN-Child
Inclusive Needs Child の略称：包括的教育を必要とする子
(イン・チャイルド)

発達の遅れ、知的な遅れまたはそれらによらない身体面・情緒面のニーズ、家庭環境などを要因として、専門家を含めたチームによる包括的教育を必要とする子

IN-Child Record
略：ICR（アイ・シー・アール）

子どものQOL向上の観点から、支援ニーズを検討するための教育的評価と継続的支援を行うためのツールとしての記録

つまり、IN-Childとは「原因を問わず、他領域の専門家と協力することが必要な、"包括的な教育"のニーズが特に高い子ども」のことである！

現在、医療・看護・福祉・教育の分野で、発達障害が疑われる児童・生徒は、「気になる子」「気がかりな子」と呼ばれています。しかし、そこに科学的根拠はなく、共通認識ができる方法や支援方法に関する手立て（ツール）がありませんでした。

その結果、

> → 職種間において、必要な情報の交換にズレが生じる
> → 判断には教師個人の主観が大きく影響している
> → 教師の主観的な視点による判断は
> 　　差別的な意味を含む可能性もある

という問題が教育現場にありました。

　そこで、現場で「気になる子」と表現されていた子どもを、IN-Child（Inclusive Needs Child）とし、他の教員や他の分野と連携した包括的教育を必要としている子と名づけました。

IN-Childとは

「IN-Child」を定義するまで

　「IN-Child」は新しい用語であるために、その定義のために「気になる子」がどのように使われてきたのか、その概念はまとめられているのか、といった観点から先行研究を収集・分析しました。そして、研究者と現職教員間で協議を重ねることにより、「IN-Child」の定義を行いました。

　先行研究の資料選定では、2000年から2015年の15年間で、「気になる子」「気がかりな子」という言葉が使われている、教育分野及び医療分野、保健分野、福祉分野の4分野で行われている研究を対象にしました。またその中でも、①「気になる子」の評価者と概念を明確に表記しているもの、② 教育職では小学校もしくは中学校教諭、幼稚園教諭、医療職では医師、保健職は保健師、保育職は保育士を評価者としているもの、という2つの基準を満たす資料を抽出して、要素を整理していきました。

「IN-Child Record」が開発されるまで

「IN-Child Record」の開発には、IN-Child の定義に使用した言葉の概念に関連する資料を収集し、IN-Child Record の構造を立て、研究者と現職教員間で協議を重ねることにより、領域と項目を作成しました。

資料の選定は、IN-Child の定義同様に 2000 年から 2015 年の 15 年間の期間で、①定義された言葉の概念に関連する尺度や指標などの研究文献、もしくは②定義された言葉の概念に関連する文部科学省や厚生労働省の施策や会議等に関する資料、③定義された言葉の概念に関連する各都道府県の教育センターや教育委員会等で作成されたチェックリスト、といった3つの基準のうちひとつでも満たすものを収集しました。

また、作成したそれぞれの項目を、領域ごとに ICF（国際生活機能分類）概念や自立活動の概念、QOL 概念と対応させました。

IN-Child Classroom

ここは、IN-Child Classroom
いろんな子どもたちが勉強しています。
それぞれの子どもたちの特徴を
IN-Child Recordで見てみましょう！

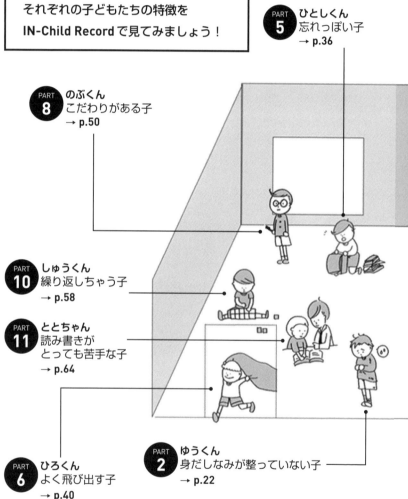

PART 5 ひとしくん
忘れっぽい子
→ p.36

PART 8 のぶくん
こだわりがある子
→ p.50

PART 10 しゅうくん
繰り返しちゃう子
→ p.58

PART 11 ととちゃん
読み書きが
とっても苦手な子
→ p.64

PART 6 ひろくん
よく飛び出す子
→ p.40

PART 2 ゆうくん
身だしなみが整っていない子
→ p.22

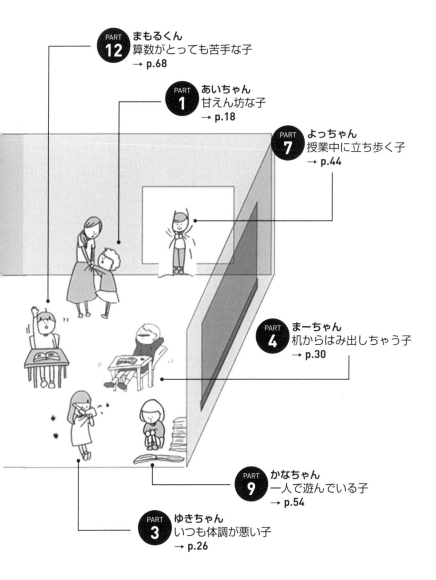

IN-Childがいる

PART 1 甘えん坊な子

みてみて！
みてみて！
すごいでしょ！

ねぇねぇ！
ねぇねぇ！
ほめてよー！

▶あいちゃんのおはなし

　あいちゃんは、よく周りのお友だちにいたずらをしています。先生には急に抱きついたり、「これをして！」と甘えたりする様子です。
　授業中は、よく鉛筆を口に入れて噛んだりしながら授業を受けています。たまに、授業についていけないことで泣き出したり、思い通りにいかないことで怒ってパニックになったりしてしまいます。

他にもこんなことありませんか……?

【生活上の様子】
- ☐ じっとしていられない
- ☐ 周囲の人にちょっかいをだす
- ☐ 自分の衣服に手を突っ込む
- ☐ 好きなことを話すと止まらない
- ☐ 自分のせいにされることを怖がり、うそをつく
- ☐ 周りにいる同級生よりも、大人とのコミュニケーションをとりたがる
- ☐ ちょっとしたことで怒ったり泣き出したりなど、パニックになってしまう
- ☐ 確実に自分でできることであるのに「これをして」と要求をする
- ☐ 急に抱きついたり、叩いたりする行動でコミュニケーションをとろうとする

【学習上の様子】
- ☐ 授業中、鉛筆や消しゴムなどを口に入れ、噛む
- ☐ 鉛筆や消しゴム、教科書、ノートなどをなくす
- ☐ 家庭学習がほとんど提出されていない
- ☐ 奇声を発することがある

IN-Childがいる

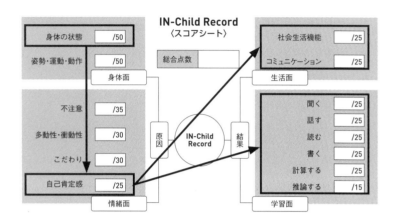

「身体の状態」の点数が低いことから、「自己肯定感」に影響しています。また、「自己肯定感」から「生活面」「学習面」にも影響しているパターンです。

IN-Child Recordのつけ方、読み方は212、220ページを参照してください。

今後の支援の方向性

学校や家庭で何らかの原因があり、「身体の状態」に影響している可能性が考えられる。

彼らのようなIN-Childには、叱る役割と受容する役割、2つの役割とのかかわりが必要になってくるぞ。

▶他の先生との連携
（支援員とのチーム・ティーチング）
▶家庭状況・学校内での交友関係の把握
▶居場所づくり

【他の先生方との連携】
■ IN-Child Record を使って、他の先生方と情報を共有する
■ 支援員と協力しながら、「叱る役割」「受容の役割」の2つに役割を分け、指導を行う
　【具体例】
　　叱る、注意する場合
　　①担任の先生は「叱る、注意する役割」
　　　→「何が悪かったのか」のみを伝える
　　②もう一人の先生は IN-Child への「受容の役割」
　　　→①で行った IN-Child への指導の受け止め方を確認、指導を行う

【生活面】
■ 基本は受容的に対応しながらも、明らかに危険な行為を行っているときにはきちんと叱る
■ 休み時間のときに連絡帳を書けるように1対1でサポートする
■ 活動ができたら「受容の役割をする先生」が褒める
　→できたことを「叱る役割の先生」にも伝え、2度褒める
　→保護者にも連絡し、3度褒める

【学習面】
■ 鉛筆や消しゴムを噛む行為は、指導を続けていくうちに不安が低下し、自然に少なくなるため、叱らないこと
　→叱るとかまってもらうための行動として強化してしまうので、あえて叱らないこと
■ 鉛筆や消しゴム、ノートには名前を書かせ、クラスに落とし物置き場を設置し、なくしても返ってくるようにする

IN-Childがいる

PART 2 身だしなみが整っていない子

なんだか
今日は
元気がない…

あれ…？
洋服に
穴があいている？

▶ゆうくんのおはなし

　ゆうくんは、たまに学校に遅れて登校します。遅れて登校しますが、忘れ物が多く、授業に必要な鉛筆や消しゴムを隣のお友だちから借りたりしながら授業に参加します。

　家庭学習は頑張ってやってくるときもありますが、ほとんど提出することはありません。「どうして提出しないのかな？」と、ゆうくんに聞いてみますが、ずっと下を見て黙っています。

他にもこんなことありませんか……？

【生活上の様子】
- ☐ 汚れ、臭い等があるなど不衛生な衣服を着ている
- ☐ 髪の毛や爪などが清潔に保たれていない
- ☐ 怒られる雰囲気を感じ取って、体を緊張させる
- ☐ 感情の起伏が激しい
- ☐ いつも疲れている様子
- ☐ 机の中身が整理できていない、または空っぽ
- ☐ 勉強に限らず、複雑な手順が必要になると、さらに疲れたり、イライラする
- ☐ ある考えに強くこだわることによって、コミュニケーションのトラブルがみられる
- ☐ 裸足でいることが多い

【学習上の様子】
- ☐ 授業に必要な鉛筆や消しゴムなどの筆記用具がそろっていない
- ☐ 体育着の汚れが取れていない
- ☐ 家庭学習がほとんど提出されていない
- ☐ テストのときに、他の子どもよりも緊張している
- ☐ テストはほぼ空欄である

IN-Childがいる

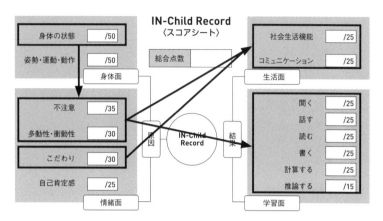

「身体の状態」の点数が低いことから、「不注意」「多動性・衝動性」に影響しています。また、「不注意」から「生活面」「学習面」にも影響しているパターンです。また、「こだわり」の点数が低いことから「生活面」にも影響しています。

IN-Child Record のつけ方、読み方は 212、220 ページを参照してください。

今後の支援の方向性

学校や家庭で何らかの原因があり、「身体の状態」に影響している可能性が考えられる。

彼らのような IN-Child は、自分の困り感を話してくれないことが多く、以下のように慎重に支援をしていく必要があるぞ。

▶他の先生との情報共有
▶先生と子どもの間で信頼関係を築く
▶家庭状況・学校内での交友関係の把握
▶居場所づくり

【他の先生方との連携】
■ IN-Child Record を使って、他の先生方と情報を共有する
■洋服を着替えるときなどに傷やあざなどがないか注意して見る

【生活面】
■基本的には受容的に対応しながらも、明らかに危険な行為を行っているときにはきちんと叱る
■休み時間などを利用して連絡帳を書けるように1対1でサポートする
■机の中の整理は休み時間にクラス全体で一斉に行う
　→あえてクラス全体の活動として行うことで、IN-Child のみに注目が集まってしまうことを避ける。
■「○○したら、△△ができたね」と、よかった行動を具体的に言語化して褒める
■興奮しているときには、教室から一度離れてもよいこととし、落ち着いたときに指導を行う
■物事を最後までやり遂げることが難しい場合は、できるところまではサポートする
　【具体例】
　　鞄をロッカーに入れずに放り投げてしまう場合
　　①鞄をロッカーの前まで持っていく（サポート）
　　②鞄をロッカーに入れるのは、IN-Child が行う

【学習面】
■家庭学習を1対1で、休み時間などに一緒に行う
　（または、簡単なプリントを用意すること）

IN-Childがいる

いつも体調が悪い子

息が詰まると
行き詰まる

鼻水は
思考停止のサイン

▶ゆきちゃんのおはなし

　ゆきちゃんは、毎日学校でくしゃみをしています。鼻水や、くしゃみが気になって、勉強にも集中できない様子です。いつも眠そうにしていて、授業中にはボーっとしているか、机に突っ伏して寝ていることがほとんどです。

　体調が悪そうに見えることがほとんどですが、休み時間になると元気に走りまわります。

他にもこんなことありませんか……？

【生活上の様子】
- ☐ 常に体調不良である
- ☐ 鼻炎など慢性疾患にかかっている
- ☐ 学校を休むことが多いまたは遅れてくることが多い
- ☐ いつも眠そうにしている
- ☐ 授業に入ってもボーっとしていることが多い
- ☐ いつも疲れている様子
- ☐ だるそうに見えるが、休み時間は友だちと一緒に元気に遊ぶ姿が見られる

【学習上の様子】
- ☐ 成績はあまりよくない
- ☐ テストのときはほとんど寝ている
- ☐ 授業に入ると眠そうな表情を見せる
- ☐ 起きていてもあまり集中していない
- ☐ ほかの子どもたちよりも取り掛かりが遅い
- ☐ よく机に伏せている
- ☐ 勉強になると不安な様子が見られる

IN-Childがいる

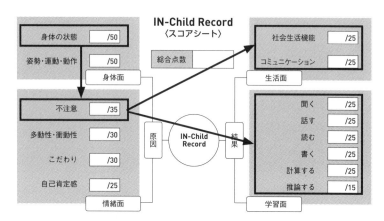

「身体の状態」の点数が低いことから、「不注意」に影響しています。また、「不注意」から集中力を必要とする「学習面」にも影響しているパターンです。特に、「聞く」「計算する」「推論する」に影響するパターンが多いです。

IN-Child Record のつけ方、読み方は 212、220 ページを参照してください。

今後の支援の方向性

慢性疾患によって、充分に眠れないため、
　→睡眠時間が足りず、疲れている
　→疲れているので集中できない
　→集中できないから授業が理解できない
　→授業が理解できなくてつまらない
というサイクルが出来上がっていることが考えられる。

▶家庭との連携
▶不注意への対応

【家庭との連携・環境整備】
■慢性疾患のために勉強に集中できないことを伝え、病院に通院することを勧める
■席の近くにコミュニケーションが得意な子や、仲のよい友だちを配置し、一緒に勉強できる環境を作る

【生活面】
■わかるところからコツコツと体調を見ながら支援していく
■「早くしなさい！」などと急かさずに、焦らず接する
■服薬すべき薬があれば、管理できるような習慣を身につけさせる
　【具体例】
　　・服薬に関するチェックノートを作る
　　・アラームをセットする

【学習面】
■成績を短期間で上げるような活動ではなく、基本的なところをおさえる内容の学習活動を行う
■ボーっとしていて、話を聞いていないことがあるので、こまめに声をかけながら授業に参加させる
■本人の興味・関心を把握し、書くことよりも、考えさせることを主とした作業を心がける
■友だちとペアを作り、アクティブラーニングのような形をとる

IN-Childがいる

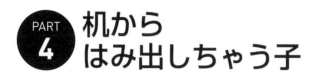
PART 4 机から
はみ出しちゃう子

前にゆらゆら
後ろにゆらゆら

考え事も
ゆらゆらゆらゆら

▶まーちゃんのおはなし

　まーちゃんは、よく椅子をぐらぐらさせています。机の外に足が出ており、上を向いて考え事をしている様子です。また、時間がたつと、前後に揺れたり、猫背になったり姿勢が変わっていきます。

　授業中は、先生が話をしているときは鉛筆回しをしたり手遊びが多く見られますが、グループ学習など話し合いの場面になると、意見を積極的に出します。

他にもこんなことありませんか……？

【生活上の様子】
- ☐ じっとしていられない
- ☐ 背もたれに寄りかかってふんぞり返って座る
- ☐ 椅子に浅く腰掛け、前のめりに座る
- ☐ 足を組んで座る
- ☐ 椅子の上に足を乗せるなど、難しい座り方をしている
- ☐ 時間とともに姿勢が変化する
- ☐ 椅子を中に入れたりしてもだんだん姿勢がくずれてくる

【学習上の様子】
- ☐ 授業中、ボーっとしている
- ☐ 何かを考えているようにも見える
- ☐ 鉛筆回しなど手遊びが多い
- ☐ 長い話になると聞き取れていない
- ☐ 特に、国語の長文読解や算数の文章問題を解いているときに姿勢がだんだん悪くなってくる
- ☐ グループ学習など、意見を交換する場は得意

IN-Childがいる

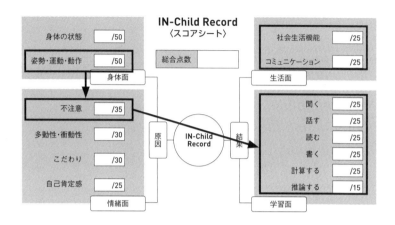

「姿勢・運動・動作」の点数が低いことから、「不注意」に影響し、「学習面」に影響しています。特に、「計算する」「推論する」に影響するパターンが多いです。

IN-Child Record のつけ方、読み方は212、220ページを参照してください。

今後の支援の方向性

　姿勢が安定していないことで、授業中の「不注意」にも影響し、結果的に、学習面に影響しているパターンである。彼らのようなIN-Childには、姿勢を自分でなおせるように気づかせる支援が必要である！

▶姿勢を自分で気づいてなおせるような生活面の支援
▶不注意をカバーするような学習面の支援

【生活面・環境整備】
■椅子のサイズを調整したり、ぐらぐらしていないかを確認する
■姿勢が悪いときは、椅子に足を入れ、グイッと前に寄せる
■足元に足を置くところを示すための目印を貼る
　【具体例】
　　・足元に右足、左足のマークをつける
　　・机の右上に、「気づいたら姿勢をなおす」とメモを貼っておく
■背中をトントン叩いたら、姿勢を見直すといった、先生と2人だけの秘密の合図を作る
■隣の席にいる子にも、「姿勢がゆがんでいたら教えてあげてね」と伝え、少し意識させる
■クラス全体で行えるストレッチをこまめに取り入れる
　【具体例】
　　座って行うものよりも、立ち上がって行う伸びや、深呼吸などのストレッチ

【学習面】
■机の上には必要な筆記用具のみを出し、必要のないものは筆箱に入れる
■手遊びをしているときは、声をかける。やめない場合、気になっているモノを預かる
　【具体例】
　　・1段階目に声をかけ、2段階目に「集中できないようだから、少し預かってもいいかな？　あとで返すね」と声をかけて預かる
　　　→休み時間、放課後などに時間を取って、「今度から、持ってこないようにしようか」と伝えること

IN-Childがいる

ひとりごと

寝ぐせの
母さんにも見える…

姿勢と集中力の関係

「よい姿勢を保ちなさい」と小学校の頃に注意された人は多いと思います。しかし、なぜよい姿勢を保つことが必要なのか、それを知っている人は少ないのではないでしょうか。

実は、よい姿勢は集中力と深く関係しています。座った姿勢で前かがみになると、肋骨がゆがみ、肺が圧迫されます。また、肺が広がらないため、深い呼吸ができず、結果的に脳への酸素供給量が低下し、集中力も低下することにつながります。

また、猫背では、首が前に出て、体重の1割もの重さがある頭や上半身を、筋肉だけで支えることになるので、肩こりや腰痛になりやすくなります。

人体の構造上、座ったときには猫背になるのが自然です。そのため、集中力を高めるためには、正しい姿勢で座ることを意識したり、定期的に立ち上がり、軽い運動をしたりすることが必要になってきます。

IN-Childがいる

PART 5 忘れっぽい子

▶ひとしくんのおはなし

　ひとしくんは、よく忘れ物をしています。毎日、筆箱や教科書、ノートのうち、何か一つ忘れてしまいます。

　帰りの会の時間などに明日持ってくる物を確認して、約束もします。そのときは、「はい！　明日持ってきます！」と元気に返事をするのですが、次の日に確認すると、やはり何か一つ忘れてしまいます。

他にもこんなことありませんか……？

【生活上の様子】
- [ ] じっとしていられない
- [ ] 友だちと約束をしたりするが、忘れることが多い
- [ ] 何かをやりかけていても、気づいたら別のことを始めている
- [ ] 興味関心のあることに対しては、集中しすぎて切り替えができない
- [ ] 片付けや整理整頓が苦手
- [ ] 机の中はごちゃごちゃしており、以前配布したプリントが、机の奥からぐちゃぐちゃになって出てくる

【学習上の様子】
- [ ] 授業中、集中していない
- [ ] 筆箱、教科書、ノートなど、忘れ物が多い
- [ ] 図書館の本など、借りたものの置き場所を忘れる
- [ ] 宿題があることを忘れてしまう
- [ ] 学校の勉強に集中していないので、そもそもどんな宿題が出されたのかわからない
- [ ] 興味関心のあることに対しては、宿題をしっかりやってくる

IN-Childがいる

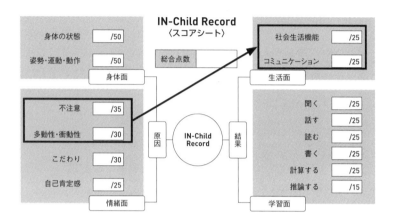

「不注意」「多動性・衝動性」がセットで低いことから、ADHD（注意欠如・多動症）傾向があります。また、ADHD傾向の「不注意」から、日常生活の「社会生活機能」に影響しているパターンです。
IN-Child Recordのつけ方、読み方は212、220ページを参照してください。

> ### 今後の支援の方向性
> 「不注意」「多動性・衝動性」から、社会生活機能に影響している。彼らのようなIN-Childは、怒られる経験が多い子がほとんどであるため、褒めながら、家庭と連携した一貫性のある支援が必要であるぞ。
> ▶不注意への対応
> ▶家庭との連携
> ▶できたら褒める、できなくても怒らない

【生活面・環境整備】
■何か指示を出すときは、メモを取る時間を与える
■配布プリントやお知らせなどは、専用のメッシュケースを用意し、先生と一緒に枚数を確認してからランドセルに入れる
■ものの定位置を決め、すべてラベリングするか見やすく視覚化したイラストや写真を置く
　【具体例】
　　「理想的な机の中身の写真」を常に机の引き出しの底に貼っておく
■次の日必要なもののチェックリストを作る→家庭との連携

【学習面】
■クラス全体で、「忘れ物があるときは、隣の人に貸してもらう。または、一緒に使う」というルールを作る

【家庭との連携】
■持ち物は、基本的に中身が確認できるクリアポーチやクリアケースを使う
■各教科ごとに必要なものはラベリング（色のついたビニールテープや丸シール、タグシール等）する
　【具体例】
　　国語に必要な教科書、ノート、漢字ドリルの背表紙に赤色
　　算数に必要な教科書、ノート、計算ドリルの背表紙に青色
■鍵を持たせる場合は、鈴をつけてすぐ見つけやすいようにする
■学校で作られたチェックリストを基に、次の日必要なものを準備させ、一緒に最終確認をする

IN-Childがいる

PART 6 よく飛び出す子

止まらない
止められない

あふれだす
このきもち

▶ひろくんのおはなし

　ひろくんは、授業中、何かを思い出したように飛び出してしまいます。理由を聞くと、「朝、飼育小屋のウサギに餌をあげるのを忘れた！」「先生が何を言っているかわからなくて！」「外に何か飛んでいるものが見えたから！」と言います。しばらくすると、落ち着いて、気まずそうに教室の中に入ってきます。

他にもこんなことありませんか……？

【生活上の様子】
- □ 手足をそわそわ動かしている
- □ 自分がしたいことをやめられない
- □ 離席をしたり、教室を飛び出したりする。たまに床に転がったりもする
- □ 気づいたら、周囲の子どもたちとトラブルになっていることが多い
- □ 片付けや整理整頓が苦手
- □ 机の中はごちゃごちゃしており、以前配布したプリントが、机の奥からぐちゃぐちゃになって出てくる

【学習上の様子】
- □ 長い話になると途中から話を聞き取れていない
- □ 全体的にノートをとらない
- □ 図書館の本など、借りたものの置き場所を忘れる
- □ 漢字や計算など単発的な課題は得意
- □ 長文読解など、集中力を必要とする問題になると急に不注意が目立つ
- □ 興味関心のあることに対しては、集中力を発揮する

IN-Childがいる

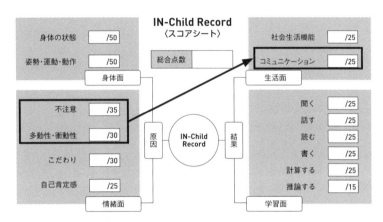

「不注意」「多動性・衝動性」がセットで低いことから、ADHD傾向があります。また、ADHD傾向の「多動性・衝動性」から、日常生活の「コミュニケーション」に影響しているパターンです。

IN-Child Recordのつけ方、読み方は212、220ページを参照してください。

今後の支援の方向性

「不注意」「多動性・衝動性」から、コミュニケーションに影響している。彼らのようなIN-Childは、まず第一に安全性の確保が必要になってくる。

また、ピアティーチングを行うことで、適度な刺激を与えながら、学習内容を検討していく必要がある。

▶安全性の確保
▶ピアティーチング
▶学習内容の検討

【生活面】

■先生が声かけしやすい位置、かつ比較的集中力を邪魔されない場所に座席を移す

■その子の興味や得意なことに合わせて役割と地位を与える

　【具体例】
　　・合理的に立ち歩きができる「プリント配り係」という役割
　　　→先生のお手伝いをしている子という地位
　　・勉強が得意であれば「リトルティーチャー」という役割
　　　→勉強が得意で人に教えるという地位

■仲のよい子を隣の席にし、グループ学習よりも1対1のピアティーチングを行う

■飛び出したときは必ず戻ってくることを約束する
　→教室に帰ってきたときは、教室内に入りやすい雰囲気を作る

■教室に戻って、落ち着いているときに指導する
　→落ち着いていないときに指導をしても逆効果になることが多いため

　【具体例】
　　落ち着いているかどうかを本人に確認してから指導に入る

【学習面】

■掲示物など環境による視覚的な刺激を減らしながら、学習活動は刺激的な活動にする

■学習内容を説明する時間と板書をとる時間、ビデオ学習とプリント学習など、切り替えながら授業をすすめる

■一度に複数の情報を与えるのではなく、簡潔で明確な指示を与える

IN-Childがいる

PART 7 授業中に立ち歩く子

後ろの棚には宝物
窓辺には
カーテンのドレス

見つけました
私の場所

▶よっちゃんのおはなし

よっちゃんは授業中によく立ち歩いています。また、集団での活動、特に話し合いの場面になると、トラブルになることが多いです。考えたことや感じたことを率直に発言してしまったり、行動にうつしてしまうことが原因となることがほとんどです。

そういうとき、よっちゃんは、立ち歩いてカーテンにくるまったり、スクリーンの後ろに隠れたりしています。

他にもこんなことありませんか……？

【生活上の様子】
- ☐ 手足をそわそわ動かしている
- ☐ 声が大きく、おしゃべりが好き
- ☐ 興味関心のあることを喋り続ける
- ☐ 考えたこと、感じたことを率直に発言し、すぐ行動に移す
- ☐ 離席が多く、たまに床に転がったりもする
- ☐ 含みのある言葉や嫌味を言われてもわからず、言葉通りに受け止めるときがある

【学習上の様子】
- ☐ 集団活動の話し合いの活動のときにトラブルになることが多い
- ☐ 書くことが苦手で、何を書いているかわからない
- ☐ 全体的にノートをとらない
- ☐ 長く話をされたりすると、聞き取ることが難しい
- ☐ 漢字や計算など単発的な課題は得意
- ☐ 長文読解など、集中力を必要とする問題になると立ち歩きが多くなる
- ☐ 長い文章を書く作業になると、立ち歩きが多くなる

IN-Childがいる

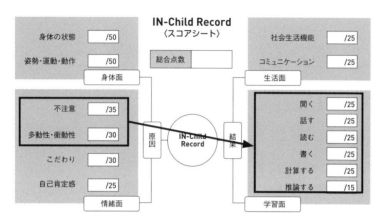

「不注意」「多動性・衝動性」がセットで低いことから、ADHD傾向があります。また、ADHD傾向から学習面に影響しています。特に、「聞く」「書く」「計算する」に影響しているパターンが多いです。
IN-Child Recordのつけ方、読み方は212、220ページを参照してください。

今後の支援の方向性

「不注意」「多動性・衝動性」から、学習面に影響している。彼らのようなIN-Childは、「聞く」ことが中心となって学習活動全般に影響している可能性が高い。また、わからないことが多いため、授業中に立ち歩きが多い可能性がある。
▶ピアティーチング
▶集中できるような時間の確保
▶集中できるような場所の確保

【生活面】
■仲のよい子を隣の席にし、グループ学習よりも1対1のピアティーチングを行う
■授業前にクラス全体で瞑想を取り入れ、集中できるような時間を設ける
■トラブルになったときには、子どもたちを引き離しIN-Childを静かな環境に連れていき、気持ちを聞いて共感した後で、指導に入る
■走り回るなど落ち着かない場合は、短時間クラスから離して、落ち着いてから指導を行う

【学習面】
■1回の授業にいろいろな活動を取り入れる
  【具体例】
   説明する時間、板書をうつす時間、ビデオ学習とプリント学習、調べる時間、考える時間、発表する時間など、学習内容を切り替えながら、学習活動を進めていく
■情報が多すぎると混乱するため、簡単で明確な指示を与える
■やるべき内容を小さく分けながらそれぞれに目標を設定する
  →目標を達成するたびに言葉に出して褒める
■「ポイント」を使った指導
  ①活動自体がうまくいったときには、たくさん褒めてあげながらポイントをあげる
  ②走り回っていたりなどした場合にはポイントを取り上げる

IN-Childがいる

ひとりごと

国語の教科書…
旅に出たのかな？

ADHD(注意欠如・多動症)傾向の子は「暴力的」なんかじゃない！

　ADHD傾向のあるIN-Childは、よく「暴力的である」と勘違いされることが多いです。

　ADHD傾向の特徴である「不注意・多動性・衝動性」は、学校や家庭において、特に目につきやすいものです。そのことから、ADHD傾向のIN-Childたちは、いろいろな場面で、よく怒られる体験をしていることが多いのです。

　怒られる経験が積み重なってくると、誰でも傷つきます。また、**「自分を理解してくれる人がいない」**という環境がADHD傾向のIN-Childたちに暴力をふるわせていることが多いのです。

　また、それは、ADHD傾向のIN-Childに限りません。大人でも子どもでも、誰だって「自分を理解してくれる人がいない」環境は、つらいものなのです。

　海外の論文では、ADHD傾向のある子どもたちの多くは、教室環境の改善や学級経営によってADHD傾向特有の問題行動が軽減することが確認されています。教室環境の改善ポイントや、学級経営については、後ほど講義の時間（116ページ）で触れていきます！

IN-Childがいる

こだわりがある子

いつも隣に
いさせてください

緑色の歯ブラシは
僕の相棒

▶のぶくんのおはなし

　のぶくんは、歯ブラシが大好きです。自分の歯ブラシを常に手に持ち、学校に登校してきます。歯ブラシを持っていますが、特に使う様子はなく、ただ持っているだけです。また、歯磨きをするときは、違う歯ブラシを使います。

　授業に関係ないからといって、歯ブラシを取り上げると、パニックを起こしてしまいます。

他にもこんなことありませんか……？

【生活上の様子】
- ☐ 車、昆虫、植物など特定のものに興味があり、飽きることはない
- ☐ 特定の行動のパターンや環境に対するこだわりがある
  【具体例】
  　色鉛筆はこの並び方／朝7:00には家を出る
- ☐ 急な予定の変更や、見通しの立たないことに対しての不安が強い
- ☐ 急な予定の変更や、見通しの立たないことに対してパニックになる
- ☐ 興味があるもの、好きな活動に執着する
- ☐ 執着しすぎて、日常の活動に支障が出る
- ☐ 気に入った言葉を繰り返し言う(テレビCMのフレーズなど)
- ☐ 自分の興味のある特定の話を一方的にしゃべる

【学習上の様子】
- ☐ 授業に関係ない発言をしてしまう
- ☐ 不安が強いと、授業中でも立ち歩き、教室の中をぐるぐる歩いたりする
- ☐ 活動の変更や集団活動のときに、頻繁にトラブルになる

IN-Childがいる

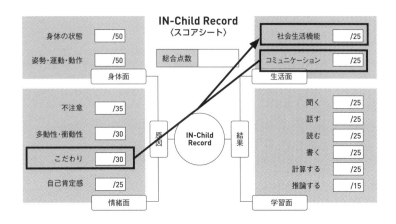

「こだわり」「コミュニケーション」がセットで低いことから、ASD（自閉スペクトラム症）傾向があります。また、ASD傾向の「こだわり」が「社会生活機能」に影響しているパターンです。

IN-Child Recordのつけ方、読み方は212、220ページを参照してください。

> ## 今後の支援の方向性
>
> 　特に、「こだわり」によって、日常生活の遂行などに関連する「社会生活機能」に影響が出ているパターンである。彼らのようなIN-Childに対しては、見通しが立つようにすることが大切である。
>
> ▶見通しが立つような生活面の工夫
> ▶区切りがつくような視覚的な支援

【生活面】
■特定のものの話をし、日常生活に支障が出る場合には、「○○君は、△△が好きなんだね。その話は後で聞くね！」と伝える
■気に入った言葉を繰り返しているときには、無理に止めないこと
■授業日程の変更がある場合は聴覚的・視覚的な情報でできる限り早めに伝える
　【具体例】
　　絵カード（視覚情報）と口頭（聴覚情報）でクラス全体に伝えた後、再度、対象のIN-Childに絵カードを用いて伝える
■「明日のスケジュール」を前日に周知しておく
■当日の変更については、イラストと文章で示し、1時間目が始まる前に提示する
■興味があるもの、好きな活動に執着しているときは、区切りを設定し、やり終えてから、次の活動に移る
　【具体例】
　　「あと、10回やったら終わろうね。次の活動は○○だから、□□に移動しようね」と区切りを設定
　　一緒にカウントしながら、活動が終わるのを待つ

【学習面】
■授業中に立ち歩いているときには、落ち着いたら座ることを約束させ、それまで待つこと
　→無理に座らせようとするとパニックになってしまうため
■トラブルになったときには、子どもたちを引き離し、IN-Childを静かな環境に連れていき、気持ちを聞いて共感した後で、指導に入る

IN-Childがいる

PART 9 一人で遊んでいる子

図鑑や辞典
本の世界は
色とりどり

ただいま
インプット中

▶**かなちゃんのおはなし**

　かなちゃんは、一人でよく本を読んでいます。同級生よりも大人に話しかけ、一方的に話し続けます。

　授業中も、グループ活動の際に意見を交換するときなどは、一人だけ話し続けてしまいます。また、話している内容も難しいことなので、周囲の子どもたちは圧倒されてしまいます。意見を交換する時間のほとんどを、かなちゃんだけがしゃべってしまい、話し合いがまとまりません。

他にもこんなことありませんか……？

【生活上の様子】
- ☐ 同級生よりも、大人に話しかける
- ☐ 言葉を文字通りに受け取ってしまう
  - 【具体例】
    先生に「やる気がないなら帰れ」と言われ、本当に帰ってしまう
- ☐ 思ったことを本人に面と向かって伝え、傷つけることがある
  - 【具体例】
    クラスの女の子に「太っているね」と面と向かって言ってしまう
- ☐ 具体的でない指示を遂行することが難しい
  - 【具体例】
    少し、多めになどの表現がわかりづらい

【学習上の様子】
- ☐ グループ活動で、意見交換をするときなどに一人だけしゃべり続けてしまう
- ☐ 授業中、問題の答えを言ってしまうことがある
- ☐ 集団活動の際に、ルールを理解・想像することが難しい
- ☐ 書くことが苦手
- ☐ 他のことに集中してしまい、授業に集中できないことがある

IN-Childがいる

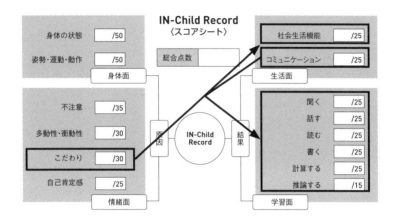

「こだわり」「コミュニケーション」がセットで低いことから、ASD傾向があります。また、ASD傾向から学習面の「聞く」「話す」「読む」「書く」に影響しているパターンです。

特に、「聞く」「話す」「書く」に影響しているケースが多いです。
IN-Child Recordのつけ方、読み方は212、220ページを参照してください。

> ## 今後の支援の方向性
> 「コミュニケーション」が、授業中の「聞く」「話す」に影響が出ているパターン。彼らのようなIN-Childに対しては、学習面での集団参加に関するサポートが必要である。
>
> ▶学習面で集団参加に関する支援
> ▶見通しが立つような生活面の工夫

【生活面】

■特定のものの話をし、日常生活に支障が出る場合には、「○○ちゃんは、□□が好きなんだね。その話は後で聞くね！」と伝える

■指示はすべて具体的に出す

【具体例】

「後からやろうね」→「10分後からやろうね」

「机を少し移動させてね」→「机をこの赤線まで移動させてね」

など、目視できる基準を設ける

■コミュニケーションの場面で人を傷つけてしまったとき、クラスの子には、「傷ついたこと / なぜ傷ついたのか / 悲しい気持ちになること」をIN-Childに伝えるようにうながす。

対象のIN-Childに対しては、「相手が悲しい気持ちになったときは、たとえそれが真実でも謝ること」を伝える

【学習面】

■グループ内で意見を交換するときには、具体的に時間で区切るようにする

【具体例】

1人1分間ずつ意見を発表する

→その後、5分間グループで意見を交換する

■授業中のルールを明確に設定する

ルール1：問題の答えがわかったときには、手をあげ、当てられてから発表すること

→答えを言ってしまうことへの対応

ルール2：問題の答えを間違えたとしても、それを笑わないこと

→たとえ間違えたことが事実であっても笑わないこと

IN-Childがいる

繰り返しちゃう子

▶しゅうくんのおはなし

しゅうくんは、青色が大好きです。朝一番に学校に着いて、机の右上に青色のブロックを並べてから一日がはじまります。

しゅうくんはブロックを並べることは大好きですが、算数の文章問題が苦手です。ブロックを使った簡単な計算はできますが、文章問題になると同じような問題でも混乱してしまいます。

国語では、漢字は得意ですが、作文などになると混乱してしまいます。

他にもこんなことありませんか……?

【生活上の様子】
- □ 給食のとき、偏食が多い
- □ 興味があるもの、好きな活動に執着する
- □ 執着しすぎて、日常の活動に支障が出る
- □ 気に入った言葉を繰り返し言う(テレビCMのフレーズなど)
- □ 周囲の動きを気にせず、自分の好きなことをしてしまう
- □ 明文化されていないルールやその場の雰囲気を理解することが難しい

【学習上の様子】
- □ 漢字や計算など単発的な課題は得意
- □ 国語の長文読解になると、問題に対して的外れな答えを書いたりする
- □ 算数の文章問題になると、簡単な問題でも立式が難しくなる
- □ 長文読解や文章問題の内容を理解することが難しい
- □ 特に、文章中の因果関係を理解することが難しい

IN-Childがいる

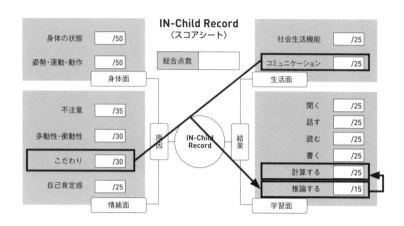

「こだわり」「コミュニケーション」がセットで低いことから、ASD傾向があります。また、ASD傾向から学習面の「計算する」「推論する」に影響しているパターンです。ASD傾向のある子たちには、「推論する」の低下が影響して「計算する」にも影響している傾向が強いです。

IN-Child Recordのつけ方、読み方は212、220ページを参照してください。

今後の支援の方向性

　ASD傾向の「推論する」ことが苦手という特徴が、算数や数学の文章題などの推論を必要とする問題に影響し、結果として「計算する」にも影響しているパターン。このIN-Childは推論する能力を、その子の生活の中から生み出すことが大切である。

▶ IN-Childの生活に合わせた推論の課題
▶ 偏食に対する対応

【生活面】
■指示はすべて具体的に出す
 【具体例】
  「後からやろうね」→「10分後からやろうね」
  「机を少し移動させてね」→「机をこの赤線まで移動させてね」
  など、目視できる基準を設ける
■偏食は、スモールステップで焦らず改善する
 【具体例】
  ①まずは、好きな食べ物を完食できたらほめる
  ②未経験の食べ物をスプーンの先にのせた量からはじめる
  →もしも拒否したときは、拒否した食べ物を引っ込めて、①の好きな食べ物を食べる
  ③食べ物の経験を積んだら、苦手な食べ物にも挑戦してみる
  →一口でも口をつけられたら、「苦手なのにえらい」「一口でも食べたね」と具体的にほめる

【学習面】
■文字情報だけではなく、絵や図などを使った指導を行う
■テストにヒントとなる絵を追加し、絵の中の情報をまとめていけば解ける形式にしておく
■具体物→半具体物→数字を段階的に用いて、数の概念を獲得、数の操作を行う
■必要であれば、算数の時間やテストのときに、半具体物を使用してもいいことを伝えておく
 【具体例】
  （具体物）リンゴやミカン　（半具体物）ブロックやおはじき
  具体物と半具体物、半具体物と数字を行き来し、現実と数字を結びつける

IN-Childがいる

ひとりごと

この相棒と
どこまでも…

ASD（自閉症スペクトラム）と サヴァン症候群

　ASDのある人の4人に1人が、特定の分野に限って優れた能力を発揮するサヴァン症候群であるといわれています（Hawlinら, 2009）。

　サヴァン症候群の例には以下のようなものがあります
・ランダムな年月日の曜日を当てることができる
・一瞬見た景色や写真を、細部にわたるまで
　描き起こすことができる
・書籍や電話帳、周期表などを暗唱できる
・音楽を一回聴いただけで再現できる
　特に、カレンダー計算の能力を持つサヴァンが多く、サヴァン症候群のある子どもたち全体の50％に当たるのではないかと推測されています（Saloviitaら, 2000：Hawlinら, 2009）。

　このようなIN-Childに対しては、現在の日本の教育体制で対応するには限界があります。

　社会のために貢献できる人材として育成するための、「インクルーシブ教育」が必要になってくるのです。

IN-Childがいる

PART 11 読み書きがとっても苦手な子

ゆっくり読もう
ゆっくり書こう

できることから
コツコツと

▶ととちゃんのおはなし

　ととちゃんは、教科書を読むことが苦手です。行を読み飛ばしたり、漢字を読み飛ばしたりしながら読んでしまいます。そのため、教科書を音読するときには、他の子どもたちより時間がかかってしまいます。

　また、文字を追うことに精一杯で、文章の理解ができず、テストのときなどには時間内に終わることが難しいです。

他にもこんなことありませんか……？

【生活上の様子】
- ☐ 忘れ物が多い
- ☐ 似た音を聞き間違える
  - 【具体例】
    - 行った→知った、はし→あし
- ☐ 個別に言われると聞き取れるが、集団の場面では難しい
- ☐ 複数のことを覚えることができず、聞き取りミスが多くなる
- ☐ 一生懸命聞いていても、内容を理解することが難しい
- ☐ 板書が難しい、板書に時間がかかる
  - →その結果、授業についていくのが難しい

【学習上の様子】
- ☐ 長い文章を読むことが困難、音読が遅い
- ☐ 文中に出てきた語句や行を抜かしたり、繰り返し読んだりする
- ☐ 逆さ読みをしたり、字の形を混同する
- ☐ 字の形や大きさがそろっていない
- ☐ 鏡文字を書くことがある

IN-Childがいる

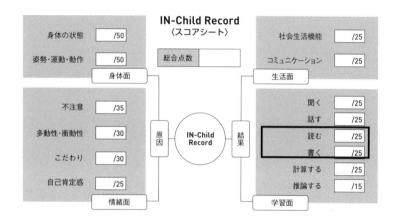

「読む」「書く」がセットで低いことから、SLD（限局性学習症）傾向があります。SLD傾向の場合、「原因」から「結果」への影響が見られません。

IN-Child Recordのつけ方、読み方は212、220ページを参照してください。

今後の支援の方向性

「読む」「書く」が苦手なことで、「自己肯定感」に影響しているパターン。無理に「読む」「書く」をさせるのではなく、読み書きの代替手段や、読み書きが必要になったときに、人に助けを求める力を育成することが大切である。

▶助けを求める力の育成
▶読みやすい配布資料の作成

【生活面】
■クラス全体でルールを作る
・わからないときには誰かに質問する
・難しい問題のときには誰かに助けを求める
というルールを作る
■連絡帳を書くことが難しいときには、連絡内容が書かれたプリントを配布する、または昼休みの時間にゆっくり連絡帳を書く時間をとる

【学習面】
■教科書などで、読めない字があれば、周りの人に聞くようにする
■授業中に、一人で教科書を読む場面などを作らない
→自己肯定感が低下するため
【具体例】
グループごとの音読発表などを取り入れ、ワン・フレーズだけ読むことに集中するなど
■プリントやテストなどは、行間や文字間を広くとった資料を渡す
■行（文頭）に番号をふる
■指や定規などを読む行にあてて、読む練習をする
■１行だけ見えるような型紙を作成して、関係のない部分を隠す
■文字情報だけではなく、絵や図などを使った指導を行う
■新しい単元に入る前には、休み時間や放課後などに一緒にルビをふる

【家庭との連携】
■保護者と一緒に教科書にルビをふる

IN-Childがいる

算数が とっても苦手な子

りんごが3つ
みかんが2つ

合わせて5つは
おかしいでしょ？？

▶まもるくんのおはなし

まもるくんは、算数が苦手です。小学校低学年のときから算数が苦手で、簡単な足し算も、手を使いながら計算します。2桁の数字になってくると、繰り上がりや繰り下がりが難しく、同じミスを繰り返してしまいます。

日常生活においては、数字が必要になってくる場面になると、支障が出てしまいます。

他にもこんなことありませんか……？

【生活上の様子】
- ☐ 日常生活におけるコミュニケーションの問題は特にない
- ☐ 数字が必要な場面になると時間がかかってしまう
    - 【具体例】
        - ・時計が読めずに、「7:30 集合」を理解できない
    - 【具体例】
        - ・教科書を開く場面で、「p.53 を開くように」という指示に対して p.35 を開こうとする

【学習上の様子】
- ☐ 簡単な数字や記号を理解しにくい
- ☐ 繰り上がり、繰り下がりが理解できない
- ☐ 数の大きい、小さいがよくわからない
- ☐ 計算、筆算の決まりが覚えられない
- ☐ 簡単な計算でも手を使ってしまう
    →計算に時間がかかってしまう
- ☐ 九九を覚えるのに時間がかかる
- ☐ 九九を覚えていても、計算に応用できない
- ☐ 時間や空間の理解が難しい
- ☐ ケアレスミスが多く、同じミスを繰り返す

IN-Childがいる

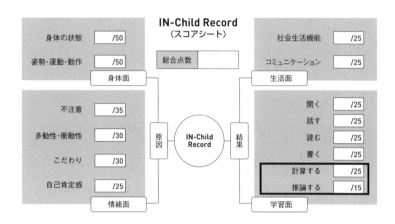

「計算する」「推論する」がセットで低いことから、SLD傾向があります。SLD傾向の場合、「原因」から「結果」への影響が見られません。

IN-Child Recordのつけ方、読み方は212、220ページを参照してください。

今後の支援の方向性

　計算と推論が苦手なことで、学習上・生活上の数字を必要とする場面にも影響している。このIN-Childに対しては計算するときの代替手段や、計算・推論が必要になったときに、人に助けを求める力を育成することが大切である。

▶助けを求める力の育成
▶補助具を活用した学習

【生活面】
■クラス全体でルールを作る
　【具体例】
　　・わからないときには誰かに質問する
　　・難しい問題のときには誰かに助けを求める

【学習面】
■教科書などで、わからない問題があれば、周りの人に聞くようにする
■文字情報だけではなく、絵や図などを使った指導を行う
■具体物→半具体物→数字を段階的に用いて数の概念を獲得し数の操作を行う
　【具体例】
　　（具体物）リンゴやミカン　（半具体物）ブロックやおはじき
　　具体物と半具体物、半具体物と数字を行き来し、現実と数字を結びつける
■筆算の場合は、位の補助線をつける
　→自分は、補助線があればできるんだ！と理解させる
　→位の補助線を書く習慣をつけさせる
■家庭学習などは、1ページにつき1問か2問の問題を解く（テストなども同様に）
■必要であれば、算数の時間やテストのときに、半具体物を使用してもいいことを伝えておく
■必要であれば、計算機を使用してもいいこととする
■必要であれば、口頭による解答ができるように環境整備をする

IN-Childがいる

ひとりごと

種類も大きさも
違うよ？

合理的配慮の意味

　最近教育現場で注目されている言葉、「合理的配慮」のルーツを知っていますか。

　合理的配慮は、アメリカで生まれた概念です。英語では、Reasonable Accommodationと表記されます。1964年に制定された公民権法第7編（Title Ⅶ of the Civil Rights Act of 1964）の中で、人種、皮膚の色、宗教、性または出身国を理由とする雇用の全局面における差別を禁止していました。

　現在では、不利益処遇の禁止（または抑制）のために備えられるべき対応（便宜）のこと（真城, 2014）を指します。つまり、どの国においても、善意で成り立つものではなく、社会的責任として位置づけられている権利なのです。

　日本には、基本的人権の一つとして、「すべての国民が能力に応じて、ひとしく教育を受ける権利」があります。また、それを保証するために、「教育を受けさせる義務」があります。権利であり義務であるはずの教育に関して、「合理的配慮」という言葉を使うことが適切なのでしょうか。

IN-Child School

ここは、**IN-Child School**。
いろんな子どもたちが勉強しています。
それぞれの子どもたちの特徴を
IN-Child Record で見てみましょう！

PART **17** ももちゃん
自分の意見が書けない子
→ **p.92**

PART **18** けんくん
強い光が苦手な子
→ **p.96**

PART **15** うたくんとあきくん
授業中、眠そうにしている子
→ **p.84**

PART **14** きょうこちゃん
身体が弱くて休みがちな子
→ **p.80**

PART **20** まさおくん
運動が苦手な子
→ **p.104**

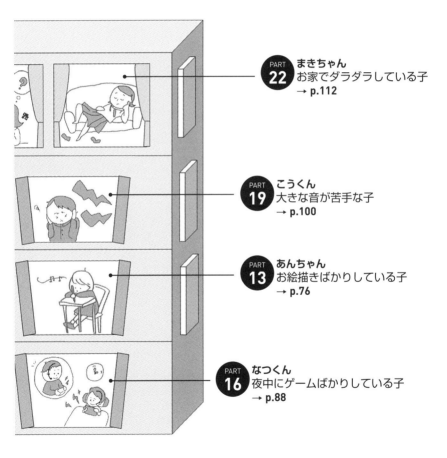

IN-Childがいる

PART 13 お絵描きばかりしている子

やめたくない
手が勝手に
動いちゃう

お絵描きは
コミュニケーション

▶あんちゃんのおはなし

　あんちゃんは、お絵描きをすることが大好きです。毎日毎日、いつでもお絵描きをしています。

　授業中、先生が声をかけると、その場ではお絵描きをやめますが、またすぐにノートや教科書にお絵描きを始めてしまいます。

　あんちゃんの教科書は、あんちゃんの絵がたくさん描かれているので、文字を読むことが難しいです。

他にもこんなことありませんか……?

【生活上の様子】
- ☐ 休み時間はずっと絵を描いている
- ☐ 図書館活動のときには、お絵描きをせずに静かに参加している
- ☐ 絵本の絵の模写が好き
- ☐ 友だちの絵を見るのも好きで、よくお絵描きをして一緒に遊んでいる
- ☐ 気に入った絵やうまく描くことができた絵は大切にとっておく
- ☐ 人の顔を覚えるのは得意だけど、人の名前を忘れてしまう

【学習上の様子】
- ☐ 鉛筆と紙さえあればどんなときも絵を描いている
- ☐ 教科書やテスト用紙、プリントの端などにも絵を描いて学習活動に集中できていない
- ☐ 描いた絵で教科書やプリントの文字が読めない
- ☐ 声かけには素直に応じ、そのときは絵を描く道具を机の中にしまうが、しばらくすると、また絵を描いている

IN-Childがいる

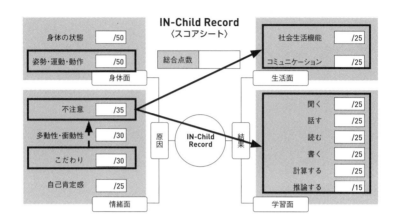

「こだわり」が「不注意」に影響しています。また、「不注意」から、「コミュニケーション」や学習面全般にも影響しているパターンです。
IN-Child Recordのつけ方、読み方は212、220ページを参照してください。

今後の支援の方向性

この子の場合は、授業中うまく切り換えができず絵を描いていることから、「こだわり」の点数が低く出てしまう。また、ここでのこだわりとは、そのことを止められるとパニックになったりすることも含む。

絵が得意なことはその子の特徴ですので、無理やりやめさせずに、クラス内で適切な地位と役割を与えつつ、授業中のルールを習慣づける必要がある。

▶学習面・生活面での地位と役割を与える
▶自己肯定感の向上

【生活面】
■生活場面で絵を描く時間をきちんと設ける
■絵を活用した役割を与える
　【具体例】
　　・掲示物係
　　　→教室内の掲示物を作成してもらう
　　・紙芝居係
　　　→国語の教科書に出てきた話などを、紙芝居に描き起こす
　　・図書係
　　　→図書館の本を読んで絵の感想を簡単にまとめ、おすすめ絵本を紹介する
■作品をみんなの前で取り上げるなど、褒める場面を積極的に作る

【学習面】
■個別に声かけをし、授業中は絵を描く時間ではないことを短い言葉で端的に伝える
■授業では必要なもの以外、机の中に入れるようにする
　【具体例】
　　クラス全体のルールとして、授業の終わりには、次の授業で必要なものを、机の上に準備してから休み時間に入る
■特に集中力が続かない日には、絵を描く時間を授業の最後に3分ほど設け、黒板上にみんなで絵を描く時間を設ける
■テスト用紙やプリントなどに絵を描いたときには、叱らずに、絵に対してコメントを書く
■授業中やプリント学習時に絵を描く場面を積極的に作る
　【具体例】
　　「絵や文章で説明しなさい」などの設問を入れる

IN-Childがいる

PART 14 身体が弱くて休みがちな子

▶きょうこちゃんのおはなし

　きょうこちゃんは、学校は好きなのに身体的につらくて登校ができないときがあります。朝、お母さんが部屋まできょうこちゃんを起こしに行きますが、ベッドから出ることができません。
　学校に来ても、あまり学級の活動に参加できずに、いつも保健室で活動しています。心配した友だちが保健室に様子を見に来てくれますが、教室に入ることは難しいようです。

他にもこんなことありませんか……？

【生活上の様子】

- ☐ 遅刻や欠席が多い
- ☐ 食が細く、食べる量が極端に少ないか、食欲が抑えられず食べる量が極端に多いことによる、栄養不足または栄養過多
- ☐ 体重の変動が激しい
- ☐ 学校に来ても、保健室や相談室での活動が多い
- ☐ 教室まで歩くことが難しく、すぐ息切れする
- ☐ 特に外での活動では体力が奪われやすく、気分が悪くなりやすい
- ☐ 参加できても途中で体調を崩し、最後まで参加できないことがある
- ☐ やる気が出ず、エネルギーがないように見える
- ☐ 教室に入りづらいと感じると、お腹が痛くなったり、呼吸が安定しない

【学習上の様子】

- ☐ 集中力が続かず、授業中座って最後まで授業を受けることが難しい
- ☐ テスト前や発表会などのイベントがある日には体調を崩し、欠席することが多い
- ☐ 授業に参加しても、発表の場面になると急に体調が悪くなる

IN-Childがいる

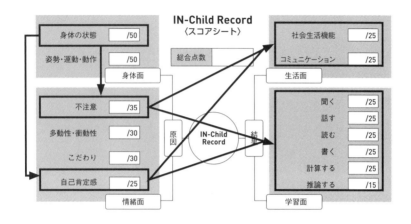

「身体の状態」が「不注意」や「自己肯定感」に影響しています。
また、「不注意」や「自己肯定感」から、生活面や学習面にも影響しているパターンです。
IN-Child Record のつけ方、読み方は 212、220 ページを参照してください。

今後の支援の方向性

この子の場合は、病弱・虚弱体質であることが、日々の活動に支障をきたしている。そのため、体調に応じて活動に参加できる準備を常に整えておく必要がある。

また、クラスに入りづらくならないように、クラスの子たちと何らかの形で関わりを持たせておくことが有効である。

▶家庭との連携
▶生活面・学習面全体における
　コミュニケーションの支援

【家庭との連携】
■家庭と密に連絡を取り、できる限り家庭での様子や、活動の留意点などを共有する

【生活面】
■クラスの子たちの理解が得られたら、クラス内交換日記などで、日々の活動を共有する
■遅刻や途中参加・退出をしても、本人に活動に参加できそうか確認し、参加させる
　→クラス内でも、この子が教室に入ってきたときは、注目せずに、いつも通りに接するようにすることをルールとして約束する
■参加できそうな活動のときは、場合に応じて、参加を促すような声がけをする
■いつでも自分のタイミングで参加していいということを明確に伝える

【学習面】
■仲のよい友だちを隣の席にして、授業にペア学習の活動を取り入れる
■可能であれば、支援員をつけ、学習の遅れがあまり出ないように配慮する
■意見交換等の活動では、少人数グループから様子を見て参加させる

IN-Childがいる

PART 15 授業中、眠そうにしている子

▶うたくんとあきくんのおはなし

　うたくんとあきくんは、授業中いつも眠そうにしています。常に「眠たい…」が口グセで机の上に突っ伏しています。先生が声をかけても、一瞬だけ姿勢を正して取り組みますが、すぐにあくびが出てしまいます。

　2人とも、あまりにも眠いようなので、1週間のうち1日は保健室に行って眠るように促しています。保健室の先生から睡眠不足について声がけをしていますが、あまり改善されません。

他にもこんなことありませんか……？

【生活上の様子】
- [ ] 常にあくびをしている
- [ ] 「眠たい…」が口グセで、机の上に突っ伏していることが多い
- [ ] 先生が注意をすると、その場では姿勢を正して取り組むが、時間がたつと机の上に突っ伏してしまう
- [ ] あまりにも眠たそうなので、保健室で休ませることがある
- [ ] まとまった睡眠をとると、その直後の活動はスムーズに参加している

【学習上の様子】
- [ ] 話し合いの場面になると、積極的に参加する
- [ ] 身体を動かす体育の授業などになると積極的に参加する
- [ ] 家庭学習を提出しない、または一気に取り組み、1週間分まとめて提出する
- [ ] 提出したプリントの文字が途中からゆがんでいる

IN-Childがいる

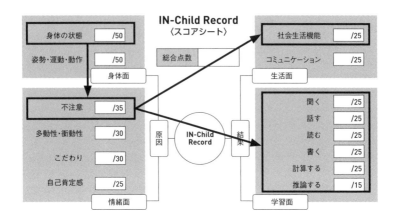

「身体の状態」が「不注意」に影響しています。また、「不注意」から「社会生活機能」や「学習面」にも影響しているパターンです。
IN-Child Record のつけ方、読み方は 212、220 ページを参照してください。

今後の支援の方向性

この子の場合、日ごろの様子から、睡眠不足が影響して「身体の状態」の点数が低くなり、結果的に、学習面の不注意に影響している可能性が考えられる。

そのため、睡眠不足の原因となっている要因を探しながら、家庭と連携して生活習慣の改善をする必要がある。

▶家庭との連携による睡眠時間の管理
▶学習面の工夫

【他の先生方との連携】
■ IN-Child Record を共通言語として使用し、他の先生方と具体的な情報を共有する
　【具体例】
　　・保健室へ行った回数など
【家庭との連携】
■学校での様子を客観的に伝え、睡眠時間など家庭での様子を把握する
　→睡眠不足の原因を探り、共通の対策を考える
　【具体例】
　　・「学校でものすごく眠そうなんですけど、家庭では眠れていますか？」
　　・「学校では特に〇時間目やプリント学習のときに眠い眠い…と突っ伏しているんですけど、体調面が心配です」
■連絡帳を活用して、学校と家庭の情報をこまめに交換する
■家庭と学校で、生活習慣の改善など同じ目標を共有する
【生活面・学習面】
■自分で毎日の睡眠時間を記録することで、自分を客観的に把握し、自己管理できるようにする
■体験的な活動を増やし、眠りにくい学習活動を取り入れる
　【具体例】
　　・発表の機会を増やす
　　・クラス全員で立って教科書を音読してから授業を始める
　　・友だちに自分の言葉で説明したり、説明を聞くペア活動を取り入れる
■学習の場所に変化をつける
　→図書館やパソコン室など、いつもと違う場所で活動することで気分を変える

IN-Childがいる

夜中にゲームばかりしている子

▶なつくんのおはなし

　なつくんは、学校でいつも疲れた顔をしています。毎日、疲れているので、学校の活動に積極的に参加することができません。授業に集中していない様子も見られます。

　友だちとの関係は良いようですが、話の内容は「昨日は、レベルアップしたよ！」「今日は17時から開始な！」というゲームについての話ばかりをしています。

他にもこんなことありませんか……？

【生活上の様子】
☐ ゲームの話ばかりをしている
☐ 朝起きられずに、遅刻や欠席、登校渋りがある
☐ 目の下にクマがあり、眠そうな様子が一日中見られる
☐ 普段は温厚だが、カッとなりやすい場面も見られる
☐ 少し情緒不安定な様子が見られる
☐ 自分の好きな活動になると、特に発言が多くなる
☐ 家庭では、ゲームをしながら活動をしている
  【具体例】
   ・ゲームをしながら宿題をしている
   ・ゲームをしながらご飯を食べる
☐ 絵を描くと、ゲームに出てくるようなモチーフばかりを描いている

【学習上の様子】
☐ 授業中に無気力で、眠そうにしている様子が見られる
☐ 授業中、友だちによくしゃべりかけており、集中していない様子が見られる

IN-Childがいる

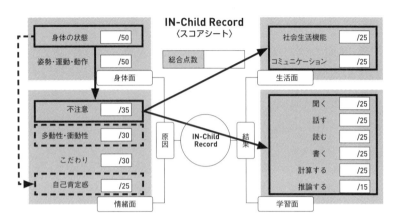

「身体の状態」が「不注意」に影響しています。また、それらが「生活面」「学習面」にも影響しているパターンです。

IN-Child Recordのつけ方、読み方は212、220ページを参照してください。

今後の支援の方向性

この子の場合、ゲームという強い刺激を日常的に受けているため、授業中に刺激が足りず、「不注意」や「多動性・衝動性」を見せている。「身体の状態」に関しては、「持続する疲労感、活動性低下が見られる」という項目に特に影響している。

この子の場合は、ゲーム以外に熱中できる「何か」を一緒に見つけていこう。また、ゲームの使用に関しては自己管理をする必要がある。

▶家庭と連携したゲームの使用時間の管理
▶ゲーム以外の熱中できるものを探す
▶居場所作り

【家庭との連携】

■家庭でのゲーム機や携帯電話の利用ルールを、本人と大人が相談しながら決める

　→無理やりゲームを取り上げるのではなく、自主的に決めさせることで、責任感を持たせる

■家庭でゲーム機や携帯電話使用のルールを作る際には、部屋で一人でゲーム機を使わせないようなルールを入れる

　【具体例】
　・食事中や入浴中、トイレの中やベッドの中ではゲーム機や携帯電話をさわらせない
　・ゲーム機や携帯電話を子ども部屋に持ち込まない

■ルールは決めっぱなしではなく話し合いながら変更し、改善していく

【生活面】

■自分の状態を客観的に把握させる

　【具体例】
　・スケジュール帳を作り、毎日のゲーム時間をメモする
　　⇒一日のうち何時間をゲームに費やしているのかを自覚させる
　・無気力、力がでない、眠たい、集中できないなど、普段感じている身体的な症状を書き出す

■クラブ活動や他の趣味を見つけるためにサポートをすることで、ゲームを使用する時間を分散させる

【学習面】

■座席の位置を、勉強を教えることが得意な友だちか、同じような学力で一緒に勉強に向かうことができる友だちの隣にする

IN-Childがいる

PART 17 自分の意見が書けない子

私の意見
って言われても

「特にありません」が
私の意見

▶ ももちゃんのおはなし

ももちゃんは自分の意見を書くことが苦手です。何を書いていいかわからないので、いつも手が止まってしまいます。他の子の文章を真似するように促すと、真似して書くことはできます。

また、書いた意見を人前で発表することも苦手です。頑張って声を出そうとはしていますが、緊張して言葉がつかえてしまいます。

他にもこんなことありませんか……?

【生活上の様子】
- ☐ 友だちは多く、おしゃべりもしている
- ☐ ちょっとしたことでも、自分で決められない、もしくは時間がかかる
- ☐ 自分の意見を言うことが難しい
- ☐ 長時間の話になると混乱して、少しパニックになるかボーっとして何も考えなくなる

【学習上の様子】
- ☐ 自分の意見を書く活動になると、手が止まってしまう、または体が固まってしまう
- ☐ 作文を書くことが苦手で、例があっても書くことが難しい
- ☐ 作文を書いても、数行で終わってしまう
- ☐ 「何でも書いていいよ」と伝えると、「感想も意見もない」「何も思いつかない」「何を書けばいいかわからない」と答える
- ☐ 書けないときには、じーっと紙を見ているか机に突っ伏して寝たふりをしている

IN-Childがいる

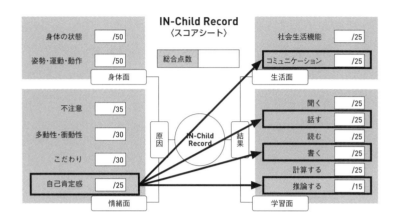

「自己肯定感」の低さが「話す」「書く」「推論する」へ影響しています。また、「自己肯定感」から生活面の「コミュニケーション」にも影響しているパターンです。

IN-Child Record のつけ方、読み方は212、220ページを参照してください。

今後の支援の方向性

「書く」や「推論する」などの活動は、他の人よりも考える時間が必要な子どもにとっては、強い苦手意識を感じてしまうかもしれない。

この子の場合、時間を区切りながらも、焦らせずに無理にさせない姿勢を見せる必要がある。また、生活の中にあてはめて話題を広げていこう。

▶「書く」や「推論する」に関する学習面の支援

【家庭や先生方との連携】
■会話の中で「5W1H＋感想」を盛り込んだ質問やフィードバックをしてもらう

【具体例】

「今日、ブランコに乗って遊んだんだ」

「どこで遊んだの？」→「公園で遊んだ」

「だれと遊んだの？」→「○○さんと遊んだ」

「じゃあ、今日は○○さんと公園のブランコに乗って遊んだんだね」

⇒ 5W1H をまとめた文章でフィードバックする

「今日風冷たいけど、ブランコ寒くなかった？」

→「寒くなかったけど、みんなは寒いって言ってたなぁ」

「みんなは寒いって言っていたんだね」

⇒感想はオウム返しでフィードバックする

【生活面】
■日常生活の中で、どのような話題があるのか交友関係などから引き出しておく

【具体例】

友だちと好きなアニメの話をしている

→「○○っていうアニメが好きなんだね。どんなところが面白い？　先生にも教えてほしいな」

【学習面】
■感想や意見を書く場面等で、手が止まってしまっても、焦らせずに、話を聞いて何が書きたいのかを会話で聞き出す

■普段の話の中から、いくつか案を提案する

「前、○○が好きって言ってたよね。○○について書いてみたら？」

■テーマが決まっている作文活動では、事前に図書館などの調べ学習を設け、サポートする

IN-Childがいる

PART 18 強い光が苦手な子

まぶしくて
まぶしくて

教科書を読むのも
ひと苦労

▶けんくんのおはなし

　けんくんは、強い光が苦手です。席替えで窓の近くになってしまったときに、外の光の影響で、勉強に集中することができませんでした。また、蛍光灯の下で作業をすると、疲れたり、頭が痛くなったりしてしまいます。

　文章を読むことも苦手で、長時間読み続けることはできません。疲れてくると、机に突っ伏して寝てしまいます。起こして話を聞くと、「目が疲れた…」と言っています。

他にもこんなことありませんか……？

【生活上の様子】
- □ 「蛍光灯の光がチカチカして見える」ということがある
- □ 明るい光が苦手で、明るい電球等を設置している部屋に入ると気分が悪くなったり、頭が痛くなったりする
- □ カメラのフラッシュが苦手で、写真に写りたがらない
- □ 苦手な模様やイラスト、色の組み合わせがあり、場合によっては、内容が読み取れないこともある
- □ テレビやパソコンの画面がまぶしくて苦手
- □ 蛍光灯や電球がチカチカ点滅するのにも過敏
- □ 人ごみなど、動くものがたくさん目に入るとすごく疲れる

【学習上の様子】
- □ 複数人での話し合いの場面になると、だんだん疲れていく様子が見られる
- □ 蛍光灯を交換してしばらくは、光が強くて授業に集中できない
- □ 日差しが強い日は、特に集中できない

IN-Childがいる

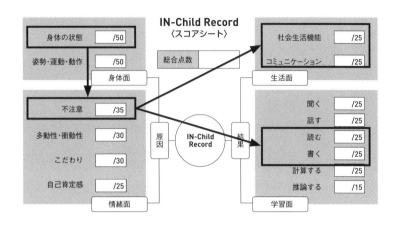

「身体の状態」が「不注意」に影響しています。また、「不注意」が「読む」「書く」にも影響しているパターンです。
IN-Child Record のつけ方、読み方は 212、220 ページを参照してください。

> **今後の支援の方向性**
>
> 　強い光が苦手であることから、環境によって「不注意」が出ている可能性が高い。その結果、「読む」「書く」などの視覚を活用する学習に支障をきたしている。
>
> 　この子が、勉強しやすい教室環境の整備と学習面での支援が必要である。
>
> ▶教室環境整備
> ▶「読む」や「書く」に関する学習面の支援

【家庭との連携】
■調節可能な範囲で明るさや光の色を調節する、または明るさや光の色を調整できるものや、するためのものを近くに設置する
　【具体例】
　　・スマートフォンやパソコン、タブレットなどの電子機器
　　・調整可能な照明や間接照明の設置
　　・遮光カーテンなどを設置し、明るさを調節する
■外出するときは、帽子やサングラスを着用し、気分が悪くなった際に休める場所を確保するなど、対応策を決めておく

【生活面】
■場所によっては、サングラスや偏光レンズメガネ、帽子等を使用し、光の刺激を調整できるようにする
　→学校全体でサングラスや帽子を着用することについて理解を広めておく
■照明の真下を避け、壁際の席にするなど、座席の調整をする
■光を調整するパーテーションパネルを使用する

【学習面】
■隣の友だちに声をかけてもらいながら学習活動に参加する
■プリントや配布物の色の工夫
　→白い紙は光の反射が起きやすいので、絵や柄のない色つきの下敷きや色つきのクリアファイルを使用するなど工夫する
■プリントをコピーする際は、読みやすい色調の紙を使用するようにする
■色の多い資料を避け、印刷もカラーではなく白黒印刷するようにする

※どんな色や状況に疲れを感じるのかを把握し、それを避け、生活に支障をきたさないようにすること。また、その内容を他の先生や家庭と共有して一貫して対応する

IN-Childがいる

PART 19 大きな音が苦手な子

耐えられないよ
こんな音…

あれ？
みんなは
うるさくないの？

▶こうくんのおはなし

　こうくんは、大きな音が苦手です。文化祭や合唱祭、体育祭の場面になると、「合唱祭はみんなの声が大きくて、頭が痛くなるんだ…」と言って、学校を休んでしまいます。学校のイベントは楽しみにしているのですが、参加することができないのです。

　また、静かな場所であっても、授業で話し合いの場面になったりすると、耳が疲れてしまい、話が聞き取れないことが多くなってしまいます。

他にもこんなことありませんか……？

【生活上の様子】
□ 特定の音や声が苦手である
　【具体例】
　　スピーカーの音、金属の音、サイレンの音、赤ちゃんの声など
□ 大きな音が苦手で、耳をふさぐ様子が見られる
□ 授業中うるさいと感じると、イライラしている様子が見られる
□ 文化祭や合唱祭、体育祭などのイベントは音が大きすぎて、頭痛や吐き気などで、参加することが難しい
□ 時計の秒針、換気扇の音などの生活音が気になり、日常生活に支障をきたす

【学習上の様子】
□ 話し合いの場面になると、疲れている様子が見られる
□ 話し合いの場面になると、周囲の声が気になり、グループの人の声が聞き取れずに、聞きもらすことが多くなる
□ パソコンのキーの音が苦手で、パソコンを使った活動のときには集中できない
□ テスト中になると、静かな空間でみんなのペンを走らせる音が気になり、集中できない

IN-Childがいる

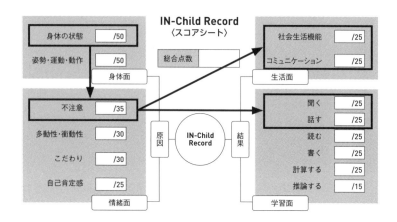

「身体の状態」が「不注意」に影響しています。また、それらが「聞く」「話す」にも影響しているパターンです。

IN-Child Recordのつけ方、読み方は212、220ページを参照してください。

> ### 今後の支援の方向性
>
> 　大きな音が苦手であることから、環境を要因として「不注意」が出ている可能性が高い。その結果、「聞く」や「話す」などの聴覚を活用する学習に支障をきたしている。
> 　この子が、勉強しやすい教室環境の整備と、学習面での支援が必要である。
>
> ▶ 教室環境整備
> ▶ 「聞く」や「話す」に関する学習面の支援

【家庭との連携】
■音の大きさを調整するための耳栓や、防音用のイヤーマフ（耳当て）、ノイズキャンセリングのついているヘッドフォンやイヤホンの活用
■防音加工がされているカーテンを設置する
■大きな音がする場所よりも、落ち着いた場所での買い物やイベントに参加する
　【具体例】
　　外出などは、人の少ない時間に行く
■外出するときは、音によって気分が悪くなった際に休める場所（車の中など）を確保することで、外出時の対応策を決めておく

【生活面】
■廊下側の席を避けたり、近くに落ち着いている友だちを配置したりするなど、できる限り静かな場所に座席を調整する
■クラス全体で日常的に使用する机や椅子の脚にクッションやテニスボールを設置し、音が鳴らないようにする

【学習面】
■映像などを見る活動のときは、ヘッドフォン＋字幕で活動に参加させる
■話し合いの際は、他のグループの話し声が聞こえないように、静かな別室でグループの話し合いを行う
■授業のチャイムなどの予測ができる大きな音は、事前に「大きな音がするよ」と伝える
■大きな声での注意をしないようにする

※どんな音や状況に疲れを感じるのかを把握し、それを避け、生活に支障をきたさないようにすること。また、その内容を他の先生や家庭と共有して一貫して対応する

IN-Childがいる

運動が苦手な子

▶ **まさおくんのおはなし**

　まさおくんは、体育が苦手です。小さいころからラジオ体操やダンスが苦手で、みんなと同じような動きをすることができませんでした。また、ハサミやコンパスがうまく使えないなど、手先を使う作業もとても苦手です。

　まさおくんは頑張ってみんなと同じような動きをしたり、同じような図形を描いたりしようとするのですが、やっぱり難しいようです。

他にもこんなことありませんか……？

【生活上の様子】
- ☐ 歩く・走る・ジャンプをするといった、身体全体を使って行う運動が苦手
- ☐ 糸を通したり、ハサミを使ったりという指先を動かして行う作業が苦手
- ☐ 手と足、手と頭、身体のいくつかの場所を同時に動かすことが苦手
- ☐ 給食や水の入ったバケツなどを運ぶときに中身をこぼしやすい
- ☐ 歩くときに、つまずいたり転んだり机やドアなど何かにぶつかってしまう
- ☐ 運動が苦手で皆と外で遊ぼうとしない
- ☐ 運動が苦手なことにコンプレックスを持っている

【学習上の様子】
- ☐ 体育の時間が苦手で、活動に積極的に参加しようとしない
- ☐ 鉛筆の字が弱々しく、薄いので何を書いているかわからないときがある

IN-Childがいる

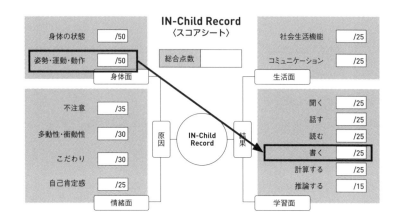

「姿勢・運動・動作」の点数が低いことから、学習面の「書く」に影響しているパターンです。
IN-Child Record のつけ方、読み方は 212、220 ページを参照してください。

> ### 今後の支援の方向性
>
> 運動を苦手に感じている子は意外と多い。しかし、運動が苦手だからといって運動そのものをやめてしまうと、身体の成長だけでなく心の成長にも影響が出てしまうことがある。
>
> 特にこの子のように、苦手意識が強く、生活に影響している場合は、無理に運動をさせてはいけない。体育の授業などを通して運動のプロセスを明確化し、少しでもできたら褒め、苦手意識を持たせないようにすることが大切である。
>
> ▶家庭との連携による運動習慣の定着
> ▶苦手意識の克服

【家庭との連携・生活面】

■目標を明確にし、スモールステップで活動に参加させること
　【具体例】
　　目標「正しいフォームで走ることができる」
　　① 腕の振り方だけを練習する／② 足の振り方だけを練習する
　　③ その場で、腕の振り・足の振りを同時に行う
　　④ ゆっくり走る／⑤ 短い距離を走る
■活動がうまくできないときは、比較しない、急かさない、できないことについて言及しない
　⇒他の子と比較されることによって焦り、うまくいかないことから、活動自体が嫌いになってしまうため
■改善点を伝えるときは、「もう少しでできそうだね！　○○すればうまくいくよ！」というように、できそうだというクッション言葉を入れる
■活動がうまくできたときには、すぐにできたことを褒める

【学習面】

■握りやすく、本人の使いやすいペンを使用する
■靴ひもが結びづらいようであれば、マジックテープ式の靴を使用
■道具を使うときも、スモールステップでできるようにする
　【具体例】
　　ハサミを使うときは、
　　① あらかじめ紙に線を引いて、切る場所を明確にしておく
　　② ハサミを持っている手を固定し、切る紙を動かす
■体育のボール準備係、体育の時間の号令係などの役割を与えることで、運動が苦手でも、体育の時間が楽しくなるようにする

IN-Childがいる

PART 21 やりたいことが見つからない子

「やりたいこと」って
何のこと？

私の進む路はどこ？

▶らんちゃんのおはなし

　らんちゃんは、自分のやりたいことが見つかりません。授業中もつまらなそうに肘をついて授業を受けています。

　中学生ということもあり、担任の先生が進路希望を聞くのですが、「特にやりたいことはないです…」「得意なこともない…」と答えます。進学したい高校を聞いても、「高校は行きたくない」と投げやりになっています。

他にもこんなことありませんか……？

【生活上の様子】
☐ 日常生活の中で、自分で選択する場面が少ない、または自分で選択しようとしない
　【具体例】
　　・何が欲しいか、何が必要かなども親や教員に選択させる
　　・何が欲しいか、何が必要かなども周囲の人の顔色をうかがいながら選択する
☐ 休み時間を友だちと過ごすなど友だちが少ないわけではないように見えるが、本人は友だちが少ないと発言している
☐ 自分から行動を起こすことが少ない
☐ 行動に移るまで時間がかかる
☐ 理想が高く、失敗することを怖いと考えているような発言がみられる

【学習上の様子】
☐ 話し合いの場面などで「○○さんの意見と一緒」と発言する場面が多く、自分の意見を言おうとしない
☐ 話し合いの場面になると机に突っ伏してしまう
☐ 本気になることが恥ずかしいと思っているようなときがある
☐ 学習に対するコンプレックスがあり、劣等感が強い

IN-Childがいる

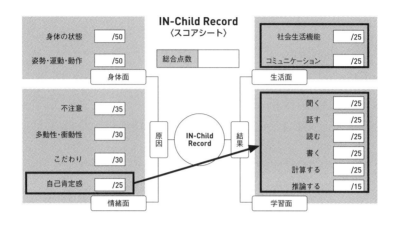

「自己肯定感」が、学習面に影響しているパターンです。
IN-Child Record のつけ方、読み方は 212、220 ページを参照してください。

今後の支援の方向性

やりたいことが見つからない子は、自分で選択する機会がなかったり、「正解」だけが正しい答えだという考えが強く、正解を当てようとして答えられなかったりしていることが多いです。

この子の場合は、学習と日常生活を結びつけながら、焦らせないこと。成功体験をさせることが大切だ。

▶教室環境整備
▶「聞く」や「話す」に関する学習面の支援

【家庭との連携・生活面】

■やりたいことが見つからなくても、比較しない、急かさない、できないことについて言及しない
⇒他の子と比較されることによって焦り、うまくいかないことから、活動自体に意欲を失ってしまう

■情報を多く仕入れるような機会を作る
【具体例】
・図書館に足を運んで本を読んだり、映画を観たりする
・休日に体験活動を入れる
⇒海や川に行くなどの自然体験
⇒休日にお昼ご飯を一人で作るなどの生活体験
⇒地域のお祭りやごみ拾いなどに参加するなど
（携帯電話に触れさせず、体験活動に集中させることが重要です）

■活動がうまくできたときには、できたことを褒めること
■「今日の活動はどうだった？」と会話の中で感想を聞くこと
⇒「楽しかった」など会話が短いようであれば、「何が楽しかったの？」など質問をしながら進めること
※信頼関係の程度によって、質問の数を増やしていきましょう

■今日感じたことや学んだことなどを日記等につけて、日々の活動を記録し、積み重ねていく

【学習面】

■最低限の読む・書く・計算する学習能力が必要であることを伝える
■短期的かつ具体的な目標を立て、勉強に集中できる環境を作る
■座席の位置は、勉強を教えることが得意な友だちか同じような学力で一緒に勉強に取り組める友だちを配置する

IN-Childがいる

PART 22 お家でダラダラしている子

まきちゃん、
はやくやりなさ〜い

うるさいな！
あとでやるって！

▶まきちゃんのおはなし

　まきちゃんはお家に帰るとずっとソファの上にいます。テレビを見ているか、寝ているかのどちらかです。お母さんが「宿題したの？」「課題はおわったの？」と声をかけますが、「あとでやるから…」とソファに寝ころんだままです。

　また、声をかけすぎると「やるって言っているじゃん！」と怒って自分の部屋に閉じこもってしまいます。

他にもこんなことありませんか……?

【生活上の様子】
- ☐ 家では携帯電話をずっと触っていたり、寝ころがってテレビを見たりなど、だらだらしているように見える
- ☐ 家庭で宿題やお手伝いをするように促しても、動いてくれる様子は見られない
- ☐ 何回も、同じように言葉をかけるとイライラしてしまう
- ☐ イライラしたときは、自室に閉じこもってしまう
- ☐ 宿題をしている様子は見られないが気づいたら終わっており、特に学校から連絡が来ることもない
- ☐ 友だちの話などを家庭ではしないが、先生から話を聞くと友だちはたくさんいるようである

【学習上の様子】
- ☐ 学校ではしっかりしていると言われている
- ☐ 学校では、素直に「はい」と答え何でも真面目に取り組み、成績についても特に問題はない
- ☐ 学習活動にも積極的に取り組んでいる様子が見られる

IN-Childがいる

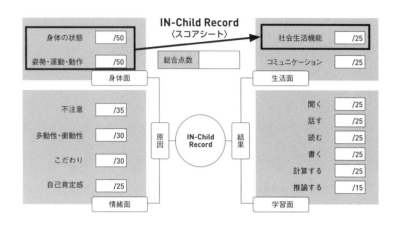

「身体の状態」「姿勢・運動・動作」の点数が低いことから、生活面の「社会生活機能」に影響しているパターンです。
IN-Child Record のつけ方、読み方は 212、220 ページを参照してください。

今後の支援の方向性

お家では、ダラダラしていて心配になる子どもたちも、外では気を張って過ごしている。だからこそ、お家でゆっくり過ごし、エネルギーを充電しているのだ。

この子の場合は、学校での様子を共有しながら、家庭では共感の姿勢で見守る必要がある。

▶教室環境整備
▶「聞く」や「話す」に関する学習面の支援

【家庭との連携】

■「○○すべき」「○○しなさい」「○○した方がいい」という言葉は使わないようにする

■「疲れた」と口に出したときは、「そうなんだね」「学校も大変なんだね」と、共感を示す

■お家でゆっくりしているときは、無理に活動に向かわせないようにする

■部屋を片付けないなど、どうしても言わないといけない場合、小学生の場合は、同じ空間でスペースを区切って一緒に片付ける

【具体例】
・洋服の整理はお母さんがやるから、本や教科書の整理は自分でやってねと伝える

■中学生の場合は、片付ける環境だけを整え、片付けないことで起こるデメリットを感じてもらう

【具体例】
・クローゼットや本棚を細かく分類する
・ものが見つからない場面でも、手伝わない
 ⇒片付けずに、忘れ物をするデメリットを感じてもらう

■時間がかかっても頼んだことができたら、すぐに褒める

■学校でよくできていることを、家庭でも共有して褒められる機会を作る

【学習面】

■家庭学習などについては、三者面談や担任からの電話などで何も言われない限り、しっかり提出していると考えて見守ること

| 講義の時間：1限目 | IN-Childと学級経営 |

1　「学級」の中の「経営」？？

普段何げなく教育現場で使われている「学級経営」という言葉。どういう意味でしょうか。学級経営は「学級」と「経営」に分けることができます。つまり、学級経営とは、教育の観点と経営学的手法を合わせることなのです。

2　学級経営の3つの観点

学級経営は、一般的には3つの観点に分けられることが多いです。

---

① 条件整備→授業のための環境を整備するための活動
　（例．掲示物や席の配置等の教室環境整備）
② 教育経営→個別活動の統合によって、付加価値を追求する活動
　（例．授業での学習活動や学級行事等の活動全般）
③ 秩序維持→生徒指導など

しかし、経営学的に見れば学級経営の最も重要な活動は「教育経営」です。先生は日々の活動の中で、子どもたちの活動を統合し、付加価値を生み出すことが必要になってきます。そのために、先生は学級のリーダーとして、子どもたちを導くリーダーシップを発揮しなければなりません。

❸ 4月の学級経営で、1年が決まる！

　4月、新学期。学級では、新しい環境の中で子どもたちが、それぞれの違いを探り合います。集団の中で頑張って、自分をよく見せようとしながら、自分の立ち位置を探るのです。

　5月。子どもたちは立ち位置を探ることに疲れ、それぞれの本音が出てきます。また、似ている者同士でグループを形成し自分たちだけの集団を作り上げていきます。そういった環境が続くと、集団としての固有性を維持するために、グループの外にいる人をいじめようとする行為が見られる可能性があります。

　学級経営において一番重要なのは、5月までに先生がそれぞれの子どもたちに役割と地位を与えることです。4月の段階で、先生が子どもたちの「よく見せようとしている姿」を捉え、その姿に基づいたそれぞれの役割と地位を与えます。そして、学級全体でそれを認識し、共有することが必要になってきます。

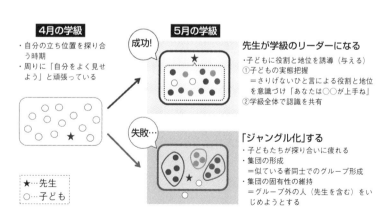

講義の時間：1限目　IN-Childと学級経営

 「ニーズが高い IN-Child」は、どう捉える？

　それでは、学級経営において「今」の時点（見ている時点）でニーズが高い IN-Child はどう捉えればよいのでしょうか。高いニーズはリスクと捉えられることが多く、クラスではローテーションで与えられているはずの掃除当番や給食当番など当番制の役割を固定されたり、ずっと同じ席を与えられ席替えに参加できなかったりすることがあります。その結果、周囲の子どもたちとの関わりを制限されたりすることが多いのです。

 リスクの本来の意味

　しかし、リスクの語源はラテン語の "risicare"（勇気をもって試みる）です。また、経営学的な観点におけるリスクとは、組織の収益や損失に影響を与える変動性ともいえます。つまり、リスクはプラス（正のリスク）にもマイナス（負のリスク）にもなる可能性を持っているのです。そのリスクがプラスに働くようにマネジメントすることが学級経営上大切です。

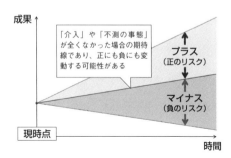

6 教育における投資

『賢者の書』(喜多川, 2005) で、賢者は少年に「投資とは、自らの持つ財産を今は使えないものに換えて、将来大きく価値が上がるのを待つこと。」と説きます。先生が持つ財産とは時間であり、それはただ時間をかければよいというわけではなく、子どもの教育的ニーズに的確に応える時間（投資）を指します。

経営学的に見れば、現時点で教育的ニーズの高い IN-Child への投資は大きなプラスの変動を見込んだ、教育的な成果を上げるうえで一番効率的な投資といえます。

また、リーダーである先生のそういった姿を見せることで、教室内すべての子どもたちの多様性の理解が深まります。つまり、ニーズの高い IN-Child への投資は、周りの子どもたちにとってもコミュニケーション能力の向上といった大きな教育的効果（付加価値）を生むのです。

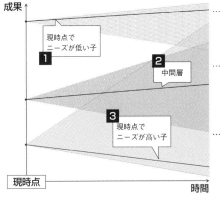

1. 他からの介入がなくても自分で成果を出すことができる。けれど、隠れたニーズに誰も（本人含め）気がつかないこともある。

2. 叱られることも少ないが、褒められる経験も多くはない。良くも悪くも目立たないが、実態把握に失敗するとマイナスへ変動する可能性が大きい。

3. ニーズが高く、適切な支援がないと自分一人で成果を出すことが難しい。しかし、きちんとニーズに応えれば思っている以上の成果を上げる可能性がある。

講義の時間：2限目　IN-Childと学習のお話

1 「理解」のプロセスと定義

私たちは、新しい情報を得たときに、「なるほど」と言いつつ、何げなく理解しています。その理解のプロセスを考えたことがありますか。

理解のプロセス

① 新しい情報と既存の情報（知識）がつながる
② 情報の質が知識の質を決定する
③ 知識の質が理解の程度を決定する
④ 理解の程度は行動の変容から見られる

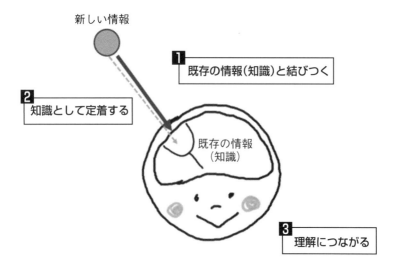

理解は、以下のように定義することができます（韓, 2017）。
「理解とは、新しい情報がその人の中に蓄積されている情報（知識と経験）と繋がることにより生じる人間の意識活動である。また、理解の程度は蓄積された情報（知識と経験）の質と量により決まり、納得を介して行動の変容につながる。」

そのことを踏まえて考えてみると、深い理解には情報の質の高さが関係しています。

① **新しい情報の質が高いほど、定着する知識の質も高くなる**

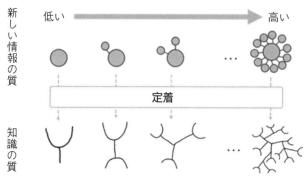

② **既存の情報（知識）の質が高いほど、深い理解につながる**
　＝考える力や応用力の高さ

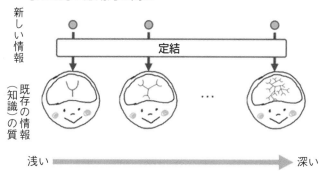

| 講義の時間：2限目 | IN-Childと学習のお話 |

❷ 理解の程度は行動の変容で見られる？

理解の程度は、その子どもの行動の変容で見ることができます。
例えば、あなたが忠犬ハチ公の話を初めて聞いたとして、どのような形で表出するでしょうか。

— 忠犬ハチ公のような犬を飼う？
— 忠犬ハチ公の素晴らしさを人に伝える？
— 犬を保護するための活動に参加する？
— 犬についての勉強を始める？
— 感動した気持ちを絵や音楽で表現する？

あなたが忠犬ハチ公の話を理解すればするほど（理解の程度が深ければ深いほど）、いろいろな形で表出されていくのです。

理解の程度

浅い？　　　深い？

姿勢・動作・運動
として表出
（動きで表現できる）

言語として表出
（説明できる）

意思決定の中での行動

芸術として表出
（絵や音で表現できる）

態度で表出

3 理解の程度の深め方

では、理解の程度を深めるためには、どのようなことをすればよいのでしょうか。

① 質に関係なく、膨大な量の知識を蓄積する

もうこれ以上覚えられないというくらいの知識を備えると、知識量が多すぎて、つながりが複雑になることがあります。つまり、質の高い知識に変化し、深い理解につながっていくのです。

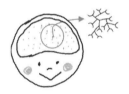

知識と知識が融合して、質の高い知識に!!

【問題点】
　相当な量を覚えなければならないため、現在の教育システムではこのやり方に適応できない子どももいる

② 最初から質の高い知識を蓄積する

最初から質の高い知識を取り入れることで、深い理解につながります。

質の高い知識を取り入れること!!

講義の時間：2限目 　IN-Childと学習のお話

4　学習のお話のまとめ

　今の教育システムは、昔から変わらず続いてきた学習法です。つまり、知識の量を多くすることを中心に据えた学習法なのです。
　現在は、インターネットや携帯電話などの端末が普及したことで、いつでも、どこでも、何でも、誰でも、情報を手に入れることができます（ユビキタス社会）。また、最近は人工知能（Artificial Intelligence：AI）が発達してきました。人間は、知識の量だけでいうと、ネットやAIにはかないません。

　そのような環境にあって、人間に必要な能力とは何なのでしょうか。また、その能力を身につけるための学習法とはどんなものなのでしょうか。
　現在のような学習法は、情報をたくさん覚えることに焦点を置いています。そのため学習についていける子どもと、ついていけない子どもが学校にはいます。学習は誰でも受ける権利があります。だから、誰でも学習についていけるように、質の高い知識として定着させ、考える力や応用力（情報を総合的に処理できる力）を育てるような学習が必要になってくると考えられます。

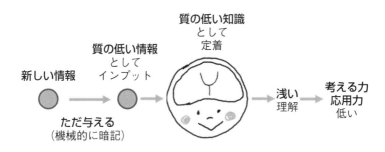

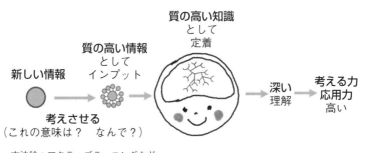

方法論：アクティブラーニングなど

講義の時間：3限目　IN-Childがいる環境整備

❶ 教室環境の構造化

　教室内を全体学習の場と個別学習の場に分けると、「どこで」「何を」するのかがわかりやすくなります。

　通常の学級等では、クールダウンスペースを用意することで、「落ち着かないとき」や「興奮して気持ちがコントロールできないとき」に利用することができます。

　外に設定する場合は、机を外に出し、周りをカーテンで区切ってあげることでも変わります。もちろん、クールダウンスペースを利用するときは、一声かけること、落ち着いたら教室に戻ってくることなど、約束事を決めましょう。

② スケジュールの構造化

　一日の活動内容カードを黒板の端にならべ、「今、何をするのか」「次に何をするのか」わかりやすくします。そうすることで、「先生、次は何をするんですか？」という質問には、「黒板を確認してね」と答えることで、自分で確認できる環境で力を育成することができます。

　また、一工夫をしてスケジュールの横には、実物写真を貼ったり、シンボルなどを書き、文字情報が苦手な IN-Child にもわかりやすくするとよいでしょう。高学年になってくると、黒板にスケジュールを書く係を設定し、先生が書いた明日のスケジュールを子どもたちにも管理させましょう。よくあるのは、黒板に次の日のスケジュールを書く、スケジュール係です。程よく責任感を与えていくことが、子どもたちの成長にもつながります。

③ 片付けの構造化

　机の中やロッカーの中、掃除用具入れをきれいに保つために、理想とする机の中身や掃除用具入れを写真で示してあげましょう。

　机の中身をきれいにしたいときは、金曜日などの帰りの時間に、一斉に机の引き出しを机の上に出し、きれいにしてから帰るなどクラスの習慣として取り入れてみるといいかもしれません。

講義の時間：4限目　IN-Childにわたす秘密の付箋

実は、IN-Childにわたす付箋にも、
ニーズに合わせたポイントがあります！

❶ 一つの付箋に一つの指示

「一紙入魂型」

- ☐ たくさん色があっても気にならない子
- ☐ 不注意が多い子
- ☐ 複数の指示が苦手な子

ポイント①　指示の重要な部分は大きく、色をつけて！
ポイント②　一つの付箋に一つの指示！
ポイント③　不必要になった付箋を捨てるゴミ箱を用意

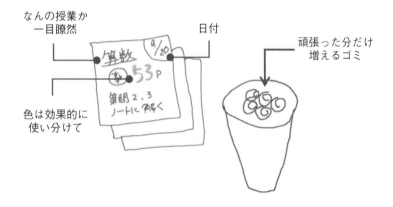

なんの授業か一目瞭然
日付
色は効果的に使い分けて
頑張った分だけ増えるゴミ

② チェックリスト方式の指示

「達成感は少し寝て待て型」

- [ ] たくさん色があると落ち着かなくなる子
- [ ] 複数の指示を出しても大丈夫な子
- [ ] ちょっぴり特別感が欲しい子

ポイント①　指示の重要な部分は大きく！
ポイント②　一つの紙に複数の指示！
ポイント③　終わったらチェック印をつけ、帰りの会に提出

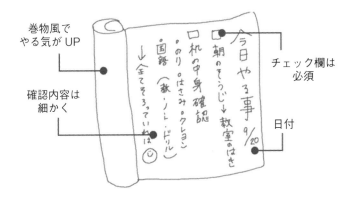

巻物風でやる気がUP

確認内容は細かく

チェック欄は必須

日付

小学校低学年・男の子
（1年間の支援）

IN-Child HEROs

Before
- コミュニケーションが苦手
- 何をするにもゆっくり
- 自分の意見をまとめることが難しい
- 読むことが苦手で、一斉音読のときはスピードについていけずに詰まってしまう

クラスや授業への参加のカギは…

IN-Childの得意をいかした関わり

After

クラス内に友だちができるようになった！

カギは得意をいかす

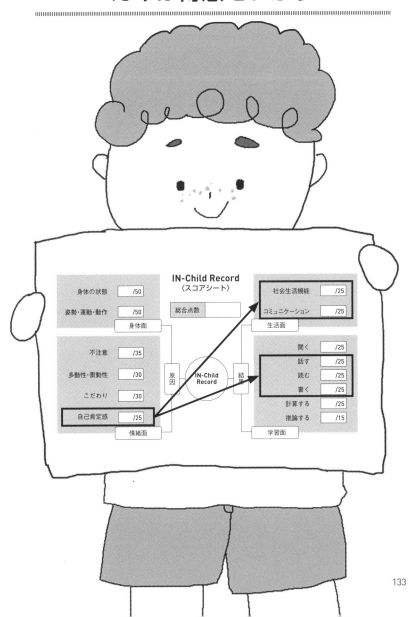

IN-Child HEROs

　Aさんは、何をするにもゆっくりで、ボーっとしているように見えます。そのため、国語や算数などといった話す・読む・書くすべてに時間がかかってしまいます。
　また、休み時間も一人で折り紙や新聞紙を折って遊んでいる子なので、コミュニケーション面も少し心配です。
　今は、低学年なのでどうにか学習内容についていけていますが、学年が上がるにつれて、学習の遅れが出てくるのではないかと、心配になってしまいます。

ケース会議の様子

　この子の**本当のニーズは自己肯定感です**。もしかすると、小学校に上がる前までは、同年代の子どもたちと関わる機会が少なかったのかもしれません。そのため、話す・読む・書くが遅れているように見えると考えられます。
　Aさんへの支援としては、**興味・関心に即した役割を与え、得意をいかすことで周囲の子どもたちとのコミュニケーションをサポートしながら、話す・読む・書くを伸ばして自己肯定感をアップ**していきましょう。

【アプローチ方法の提案】

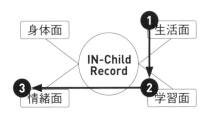

韓(ハン)先生

【Aさんの個別の教育プラン作成・提案】

IN-Child HEROs

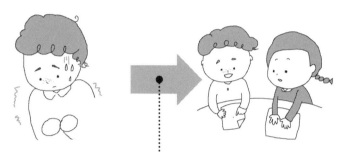

以前の様子	支援後の様子
・休み時間にみんなが外で遊んでいる中、一人で折り紙や新聞を折って遊んでいた ・お喋りが苦手だった	・クラスの友だちに折り紙を折るようにお願いされたり、折り方を聞かれたりと、友だちがたくさんできるようになり、コミュニケーションが増えた

得意をいかした学級経営

●得意な折り紙を先生の机の上に飾り、それに興味を示した子に、
「Aさんが作ったんだよ」、
「Aさんにお願いしたら、作ってもらえるかも」
とコミュニケーションを促した

他にもこんなことしました！
・自分の意見を筋道立ててまとめることができるように、要点をスモールステップ
・何か発表の機会があるときは、一人ではなくグループで発表させる

コミュニケーション場面を増やすことで…
みんなの前で喋れるマン

小学校低学年・男の子
（1年間の支援）

IN-Child HEROs

Before
- 気になることがあると、他のことを放り出して行動する
- 絵を描くことが大好きで、授業中にも絵を描いている
- 自分の気持ちを伝えられず喧嘩になってしまう

コミュニケーションのカギは…

" 考える時間の確保 "

After

「僕には時間が必要です」
と言えるようになった！

カギは考える時間の確保

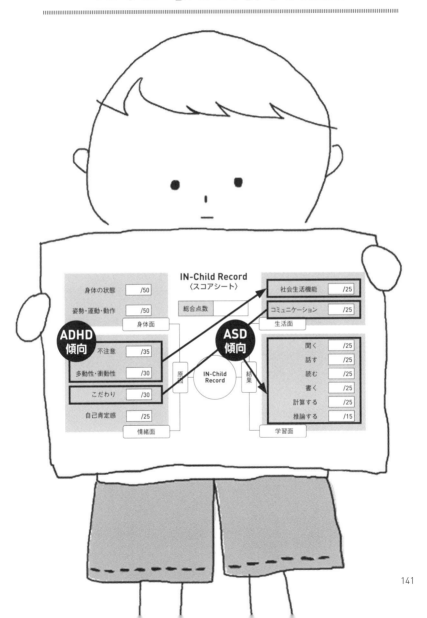

IN-Child HEROs

担任の先生

　Bさんは、気になることがあるとすぐに行動してしまいます。以前、衝動的に起こした行動が原因で、その場で叱ると黙ってうつむいてしまいました。他にも、自分の気持ちをうまく表現することができずに、友だちと喧嘩になってしまうこともあります。
　Bさんは、絵を描くことが大好きで授業中でも飽きずに絵を描いており、授業についていけなくなってしまうこともあります。でも、絵はとっても上手です。

ケース会議の様子

この子の**ニーズはコミュニケーション**です。ASD 傾向とADHD 傾向があるので、**まずは生活に必要な最低限のコミュニケーション能力をつけていくことを目指しましょう。**

また、**コミュニケーションをとるための配慮をしていく必要**があります。具体的な方法としては、考えを整理する時間を設けたり、周囲の子とのコミュニケーションをサポートしていきましょう。

【アプローチ方法の提案】

韓先生

【Bさんの個別の教育プラン作成・提案】

IN-Child HEROs

以前の様子

- 自分の気持ちをうまく表現することができずに、友だちと喧嘩になっていた
- 授業中も、ずっと絵を描いて集中できなかった

支援後の様子

- 考えを整理できていないときに「時間が必要です」、集中できないものがあるときには「預かってください」と伝えられるようになった

考えを整理する時間を設ける

- ●叱られたときは、個別の部屋で支援員と考えを整理できる時間を設けた
- ●絵を描いて集中できていないときには、段階的な声がけをした
  ① 集中できない要因となっているものを机に入れるように指示
  ② ①で集中できないときには、放課後に返すことを約束し預かる

他にもこんなことしました！
- 個別の部屋で支援員とテストを受けられるようにした
- 周囲の子に、Bさんが忘れ物をしているときは積極的に貸すようにお願いした

考える時間をあげることで…
自分の考えを表現できるマン

小学校中学年・男の子
（1年間の支援）

IN-Child HEROs

Before
- 気になることがあると、立ち歩いてしまう
- 友だちにものを投げてしまう
- 急に止められると、イライラしてしまう
- 大人に叱られるとパニックで大泣きしてしまう
- 「僕なんて…」と落ち込んでしまう

自己肯定感アップのカギは…

"家庭との目標の統一"

After

泣いている友だちに、「彼には先生が必要だよ…」と声をかけるようになった!

カギは家庭との目標の統一

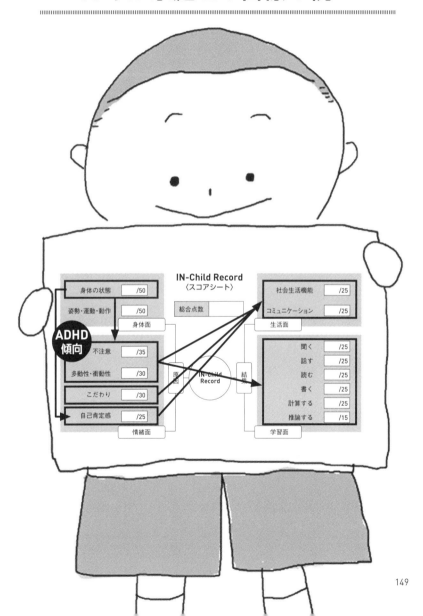

IN-Child HEROs

Cさんは、授業中の立ち歩きが多く、席に戻るようにクラスの子どもたちに言われると、**イライラしてしまい鉛筆やノート、椅子を投げたり、机を蹴ったりしてしまいます。**

私の方から「危ないでしょ！」と叱ると、最初は「もういい！」となってしまいますが、**最後には「僕なんて…」、「もうどうでもいい」と投げやりになり、泣き出してしまいます。**Cさんの情緒面がとても心配です。

ケース会議の様子

　この子の**ニーズは自己肯定感です。**特に、家庭での認められたいという気持ちが満たされずに、いろいろな場面に影響しているのでしょう。

　なので、**保護者と情報共有などを頻繁にした方がよいでしょう。**また、学校では信頼関係を形成しながら「情緒面の安定」を図り、友だちとの関わりを促すことで「友だちとの関わり方」を学んでいきましょう。

【アプローチ方法の提案】

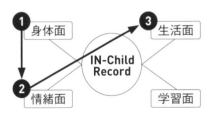

韓先生

【Cさんの個別の教育プラン作成・提案】

IN-Child HEROs

以前の様子	支援後の様子

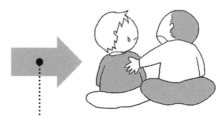

- イライラして、椅子を投げたり、机を蹴ったりしていた
- 叱ると「僕なんて…」と、泣き出してしまっていた

- 教室内で落ち着いただけでなく、同じように泣いている友だちに「大丈夫だよ」、「僕がついているからな」と声をかけるようになった

家庭との情報共有と目標の統一
- 学校での様子をこまめに保護者に連絡した
- 学校での様子をもとに、Cさんの「優しいところを伸ばしていくこと」と目標を統一した
- いい変化が見られたときには、「ぜひ褒めてください」と頻繁に直接報告した

他にもこんなことしました！
- 子どもたちと関わる機会を作り、先生はサポートを積極的にするようにした
- 叱るときは、落ち着いてから段階的に理由を説明するようにした

家庭との目標を統一することで…
人に優しくなれるマン

小学校中学年・男の子
（1年間の支援）

Before

- 整理整頓が難しい
- 時々感情が抑えきれずに、仲のよい大人(保健室の先生や担任の先生)に暴言を吐いてしまう
- 休み時間に友だちと遊んでいる姿が見られるのに、「友だちがいない」と先生に相談する

クラスや授業への参加のカギは…

" 感情の整理ができる体制作り "

After

落ち着いて活動に参加できるようになった!

カギは感情の整理

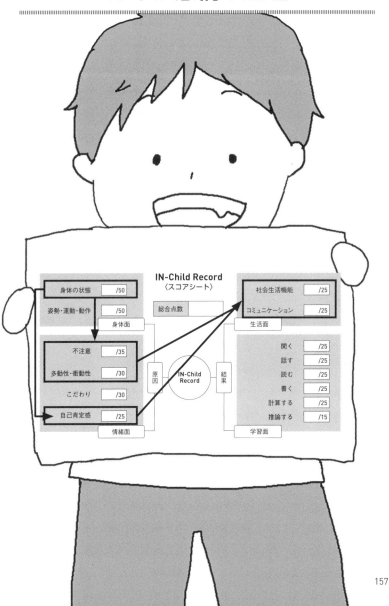

IN-Child HEROs

担任の先生

　Dさんは、普段は優しくてニコニコしているのですが、**時々感情が抑えきれずに、友だちや担任の私に暴言を吐いてしまうことがあります。**
　他にも、休み時間に友だちと遊んでいる姿が見られますが、「友だちがいない」と相談されたこともありました。
　今は、**家庭的な事情があるようで、落ち着かないのだと思います。**今、学校としてDさんにできることは何でしょうか。

ケース会議の様子

　先生の言葉通り、やはり、Ｄさんのニーズは**身体面**です。家庭的な事情が一時的なものである可能性はありますが、この子の学校でのニーズには応えなければなりません。

　学校では、Ｄさんのためにできることとして、**特に情緒面のサポートを中心に行っていきましょう**。感情が爆発したときに落ち着ける場所を作ること、カウンセラーの先生などにも入ってもらい、Ｄさんの気持ちを聞いてくれる大人を増やすことが大切です。

【アプローチ方法の提案】

韓先生

【Ｄさんの個別の教育プラン作成・提案】

IN-Child HEROs

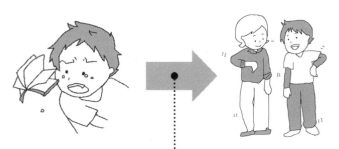

以前の様子	支援後の様子

- 感情を抑えきれずに先生に暴言を吐いてしまう
- 休み時間に友だちと遊んでいるのに、「友だちがいない」と相談する

- カウンセラーの先生や保健室の先生に家庭の悩みを相談し、授業に集中して参加できるようになった

感情が爆発したときに落ち着ける場所を用意した
- 落ち着かないときは、「ベランダで休んでおいで」と声かけをした

親や担任以外の大人との関わりを作った
- IN-Child Record を使用してカウンセラーと連携し、定期的にDさんの話を聞いてもらえる機会を作った
- 先生や保護者以外の大人とのつながりを作り、何かあったときには、話しやすいような環境を作った

他にもこんなことしました！
- 一日の終わりである「帰りの会」のときに、クラス全体で机の中を一斉に整理する時間を設けた

安心できる環境を作ることで…
落ち着いて授業に参加できるマン

コミュニケーション **UP**

先生間での情報共有

落ち着ける場所の確保

クラスのルール作りで生活面のサポート

小学校高学年・男の子
（２年間の支援）

IN-Child HEROs

Before
- 思ったことをすぐ言ってしまう
  ⇒結果的に、クラスの中で浮いてしまう
- 他の人からの自分に対する意見を敏感に感じすぎてしまう

話す前に時間を与えて

"少しの想像力"

を働かせる時間を作った

After

授業に積極的に参加できるようになった！

カギは少しの想像力

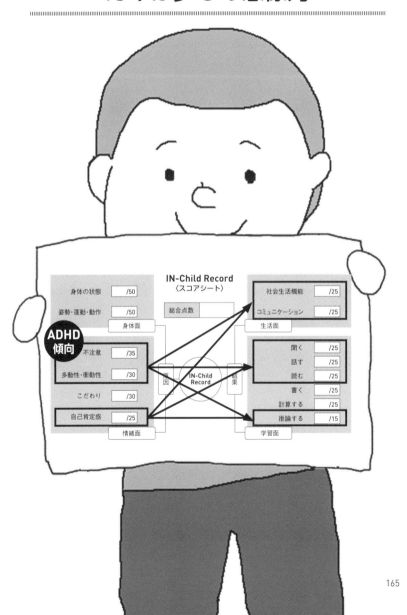

IN-Child HEROs

　Eさんは、書くことが苦手でノートを取りません。授業中の発言などは積極的で、的を射た発言をするので、どうにかノートにまとめて意見を発表してほしいのですが…。
　また、**思ったことをすぐに言ってしまい、結果的にクラスの人と喧嘩になってしまうことがよくあります。**
　1対1で喧嘩の原因を聞いてみると、どうやら**他の人から自分への意見を敏感に感じている**ようにも見えます。しまいには「誰も僕に味方してくれない」と泣いてしまいます。

ケース会議の様子

Eさんのニーズは**話す力と推論力**です。考えることは得意なのですが、ADHD傾向ということもあり、まとめて文章にすることは苦手なようです。学習面に関しては、Eさんに無理に書かせようとはせずに、ペア学習を通してさらに意見を深めてもらう方がいいでしょう。

また、少し想像力を働かせる時間を作ること、**クラス全体でルールを作り意識づけること、何か注意などが必要なときは、怒らずに理論的に話すことが大切です。**

【アプローチ方法の提案】

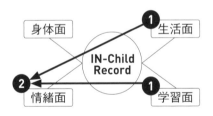

【Eさんの個別の教育プラン作成・提案】

IN-Child HEROs

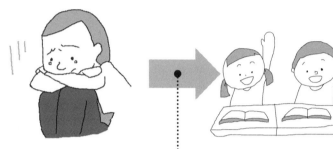

以前の様子	支援後の様子
・思ったことをすぐに発言してしまうため、授業が途切れ、クラスのみんなから責められてしまう	・話す前に少し考えることで、理論的に話されたことを理解して納得してくれるようになった ・学習にも意欲的になった

クラス内で授業に関するルールを設定する
- 「授業が始まる1分前には、授業に必要なものをすべて机に出す」「発言をするときは手をあげて先生に当てられてから発言する」などのルールを設定した

感情的になっているときにはクールダウンさせる
- 感情的になっているときは、場所を移してクールダウンさせた
- 落ち着いてから、理論的に原因と結果に分けて話をした

他にもこんなことしました！
- 板書する場面を減らし、ノートテイクを最低限にした授業を行った
- ペア学習⇒グループ学習⇒発表の順で、意見を交わす範囲をスモールステップ化して考えさせた

話す前に少し考えることで…
話が上手にできるマン

話す力・推論力
UP

原因と結果に分けた論理的指導

場所を移したクールダウン

クラスのルール作りとサポート

ペア学習の
効果は絶大

一緒に発表できる人─

中学1年生・男の子
（6ヶ月間の支援）

IN-Child HEROs

Before
- 授業中に席を離れ、教室を飛び出したり、床で寝たりしてしまう
- 先生の問いかけが自分に向けたものでなくても、出し抜けに答えてしまう
- 好きなこと（絵を描いたり、釣りの話をしたり）をするときにはとても集中する

教室で落ち着いて勉強するカギは…

" リーダーシップと責任感 "

After

授業に積極的に参加し、
成績の順位が90番上がった！

カギはリーダーシップと責任感

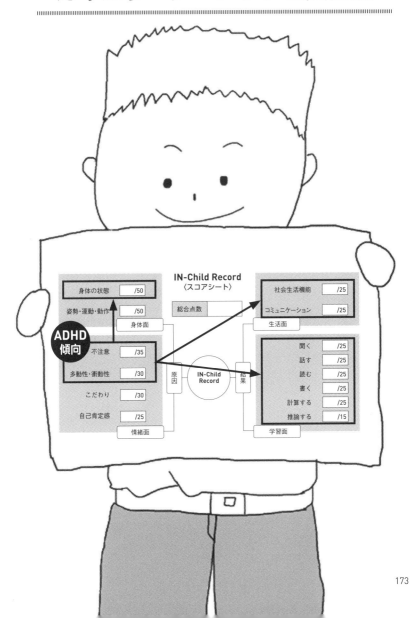

IN-Child HEROs

　Fさんは、**授業中に席を離れ、教室を出たり床に寝たりしてしまいます**。また、授業中の私語が多く、テスト中に友だちに話しかけることもあります。

　歌や釣り等、好きなことをしているときの集中力はとても良いのですが、自分の興味のある発問に対しては、**Fさんに向けた問いかけではないのに答えてしまう場面も見られます。**

　最近では、草を食べるなどして、注目を集めようとしているのではないかと思える行動も見られます。

ケース会議の様子

　Fさんのニーズは学習面の不注意と多動性・衝動性です。ADHD（注意欠如・多動症）傾向が、授業中の聞くことや書くことに影響していると考えられます。

　不注意については、学習の場面において注意を向けるような声かけをこまめにしていくことが大切です。また、本人の得意なことを利用して、**クラスの中で役割と地位を与え、責任感を持たせるとリーダー的な存在になるかもしれません。**

【アプローチ方法の提案】

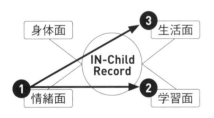

韓先生

【Fさんの個別の教育プラン作成・提案】

IN-Child HEROs

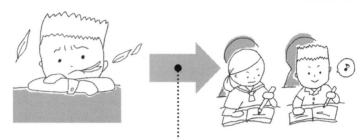

以前の様子
- 授業中に席を離れ、床に寝そべるなどの行動が見られ、聞きもらしが多かった
- 国語、社会が特に苦手で学年の順位が200人中の190位だった

支援後の様子
- 授業に積極的に参加するようになり、内容を聞きもらすことが少なくなった
- 学年の順位が200人中の100位に上がった
- Fさんの変化を見た子どもたちが、負けてはいられないと頑張るようになった

得意なことでリーダーをまかせる
- 音楽の授業の中で、合唱コンクールのパートリーダーとして責任感を持たせた
- リーダーとして自分からちゃんとした行動を見せようと、授業中の立ち歩きが減り、家庭学習にも積極的に取り組むようになった

他にもこんなことしました！
- Fさんの座席を最前列の先生の机の近くにし、集団で指示を出したあとに個別でもう一度同じ指示を出すようにした
- 好ましくない行動が見られたときは、注意等はせず反応しないように努めた

リーダーをまかせることで…
みんなのお手本になれるマン

学力UP

クラス内でリーダーをまかせる

授業中の座席位置の工夫

好ましくない行動には反応しない対応

中学1年生・男の子
（2年間の支援）

IN-Child HEROs

Before

- ADHDの診断を受け、服薬もあったが、副作用が強いせいか学校では集中できていなかった
- 学習やテストに対する不安があり、テスト前になると学校に来ることが難しかった
- 学習と体調面の両方が影響して自己肯定感が低下していた

クラスや授業への参加のカギは…
IN-Child Record を共通言語とした

"医教連携※"

※医療と教育の連携のこと

After

自分で行動を調整して、授業やテストに出席できた

カギは医教連携

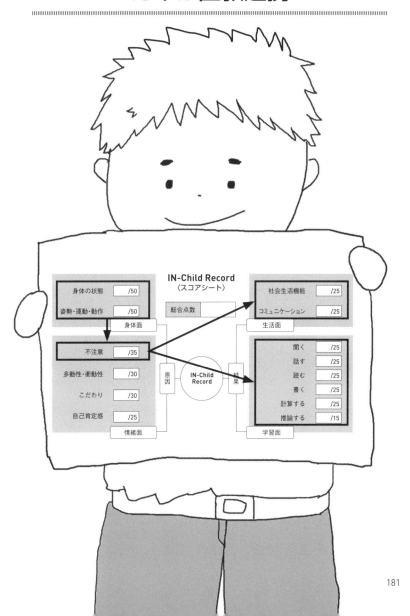

IN-Child HEROs

　Gさんは、ADHDの治療を受けていると聞いています。しかし最近では**授業中にぐったりしている**ことがあります。

　保護者の方から、通う病院が変わってお薬の量が増えたとは聞いていますが、その影響についてはわかりません。

　学習に対する意欲は高いのですが、**体調がすぐれない日が多く、登校できないこともあります**。そのため、テスト等の成績も落ちており、友人関係でもマイナスな発言が増えています。

ケース会議の様子

Gさんのニーズは身体面です。お薬を飲んでいるようですが、副作用が強い様子で、授業にも集中できていません。また、意欲があるにもかかわらず、うまく取り組めないことによって自己肯定感の低下にもつながっているようです。

Gさんへの支援として、IN-Child Record を共通言語にして、学校での様子を保護者や医療機関と共有して、チーム支援をする必要があります。

【アプローチ方法の提案】

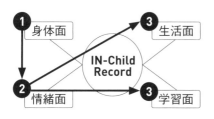

韓先生（ハン）

【Gさんの個別の教育プラン作成・提案】

IN-Child HEROs

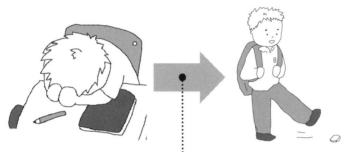

以前の様子	支援後の様子
・よく体調を崩し、登校することができない日があった ・登校しても、相談室で机に伏して寝ていた ・テストに対する緊張が強く、白紙で提出していた	・相談室から教室に行ける時間が増えた ・テスト期間にも出席し、みんなと同じ環境でテストを受けるようになった

IN-Child Record を活用した医教連携
● 学校での様子を、IN-Child Record 等の資料で医療機関と情報共有することによって服薬調整がうまくいった

テストの緊張を解く声がけ
●「授業を受けていないので、点数が取れないのは仕方ないよ」「受けることが大事だからね」と言葉をかけ、テストに対する緊張をほぐした

他にもこんなことしました！
・相談室の利用に関する簡単なルールを作り、行動調整の練習をさせる
　例：本を読むときに寝ころばず、きちんと席に座るというルールを決めた

医療と教育が情報共有することで…
元気にテスト受けられるマン

健康面 UP

"いつも通り"が自信につながる

相談室の利用で学習をサポート

医教連携による服薬指導

中学2年生・男の子
（2年間の支援）

IN-Child HEROs

Before
- 行動が幼く、褒められたい、認めてもらいたいという行動が多く見られた
- 授業中にシャーペンを解体したり、消しゴムをちぎったりと集中できなかった
- 友だちとのトラブルでカッとなり、靴を投げたりする様子が見られた

自己肯定感を支えるカギは…

"認められる環境作り"

After

信頼関係によって学校生活が充実！

カギは認められる環境作り

IN-Child HEROs

担任の先生

　Hさんは、4月から関わっているのですが、少し幼い印象を受けます。**本人の気持ちに波があり、誰かに声をかけてもらえるとすぐ持ちなおします。**

　友だちとのトラブルも多く、衝動性が強く見られます。言われたことに対してカッとなり、靴を投げるなどの行動が見られたこともありました。

　学習面に関しては、**授業中にシャーペンを解体したり、消しゴムをちぎったりと集中できない様子が見られます。**

ケース会議の様子

Hさんのニーズは、自己肯定感であると考えられます。IN-Child Recordを見ると、多動性・衝動性も低く出ていますが、友だちとのトラブルで自己肯定感が傷つけられたときに衝動性が出てくるようですね。

支援方法としては、**先生が積極的にHさんにポジティブな対応を取りながら、年下の同性と関わる機会を設けましょう。**

後輩の面倒を見ることで、年上としての責任感が芽生えると思いますよ。

【アプローチ方法の提案】

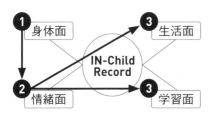

韓先生

【Hさんの個別の教育プラン作成・提案】

IN-Child HEROs

以前の様子

・行動が幼く、褒められたいという行動が多かった
・授業中にシャーペンを解体するなど、集中できない様子が見られた

支援後の様子

・褒められたいと行動することが減った
・声をかけてもらいながら、授業に集中して参加できるようになった

授業中の周囲の人からの声かけ
●集中できていないときには、支援員や周囲の子に「どうしたの?」と声をかけてもらい、ちゃんと見ているよということを行動で示した
●周囲の子に、Hさんが落ち着いていないときは、優しく声をかけるようにお願いした

部活中に後輩に教える役割をもらう
●部活の中で後輩に教える役目を与え、後輩を褒める機会を作った

他にもこんなことしました!
・支援員と「交換日記」をし、大人との関わりを促すことで、Hさんがいつでも相談できる態勢を整えておく

褒められたり褒めたりすることで…
ゆっくり大人になれるマン

自己肯定感
UP

後輩に教える機会を作る

交換日記を使用したコミュニケーション

声かけでモチベーションアップ

中学2年生・女の子
(2年間の支援)

IN-Child HEROs

Before
- 毎晩、睡眠時間を削ってスマートフォンを触っていた
- コミュニケーションがうまくいかないと、すねたり、手をあげてしまったりなどの行動が見られていた
- 友人関係がうまくいかないことでイライラし、学習に身が入らない様子が見られていた

目標を明確にすることで

" 自己コントロール能力をつける "

After

勉強に対してやる気が出るようになった！

カギは自己コントロール

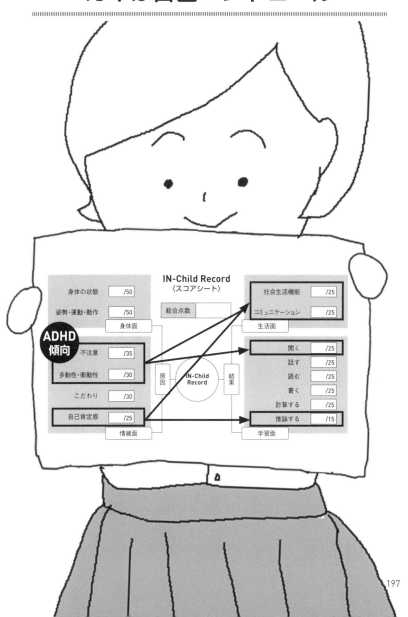

IN-Child HEROs

担任の先生

　Iさんは**人懐っこいのですが、自分がいじられることでコミュニケーションを取ろうとします**。たまに、コミュニケーションがうまくいかないと、すねたり手を上げたりしてしまい、トラブルになってしまいます。

　お家では家庭学習をせずにスマートフォンを触っているようで、**学習面がなかなか伸びません**。スクールカウンセラーの先生に「個別で学習したい」とも言っており、学習に対するやる気はあるようです。

ケース会議の様子

　Iさんのニーズは、**不注意と多動性・衝動性**です。幼い言動は周囲から認められたいという気持ちの表れだと思われます。不注意で授業中に話を聞いていなかったり、多動・衝動的な行動で友だちとのコミュニケーションがうまくいっていないのかもしれません。

　座席を前に設定し、**こまめに何をする時間なのかを認識させる声かけを行いながら**、自分から行動調整ができるようにしていきましょう。

【アプローチ方法の提案】

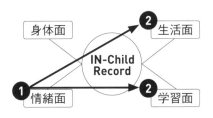

韓先生

【Iさんの個別の教育プラン作成・提案】

IN-Child HEROs

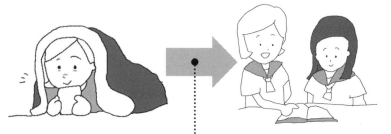

以前の様子
- 家では家庭学習をせずにスマートフォンが手離せなかった
- 物事がうまくいかないと、すねたり手を上げてしまったりすることがあった

支援後の様子
- スマートフォンの使用時間を決めて、家庭学習の合間に使用することにより集中力が持続するようになった
- 友だちに教えたりすることで、コミュニケーションがうまくいくようになった

授業中に集中していないときの声かけ
- 集中できていないときには「今、何をするんだっけ？」と声をかけ、やることを認識させた
- 先生方の中で、こまめに声かけをすることを統一して行った

「学習の優先席」に座らせる
- 前列に座らせることで、声かけをしやすい環境を作ったり、周囲に仲のよい子よりも、静かで落ち着いている子を座らせた

他にもこんなことしました！
- 電子黒板の管理など、学級の中での役割を与えることで、褒められる機会を意図的に増やしていった

自己コントロールすることで…
勉強でやる気出せるウーマン

教えたり
教えられたりすることが
学びの第一歩

中学２年生・男の子
（２年間の支援）

IN-Child HEROs

Before
- スマートフォンやゲームで夜更かしし、学校ではいつも眠そうにしているため、授業にも集中できなかった
- 自己肯定感が低下し、授業や学習に意欲が持てずに、余計にボーっとしている

学習に向かうカギは…

"環境作り"

After

友だちの協力を得て
学習に意欲的！

カギは環境作り

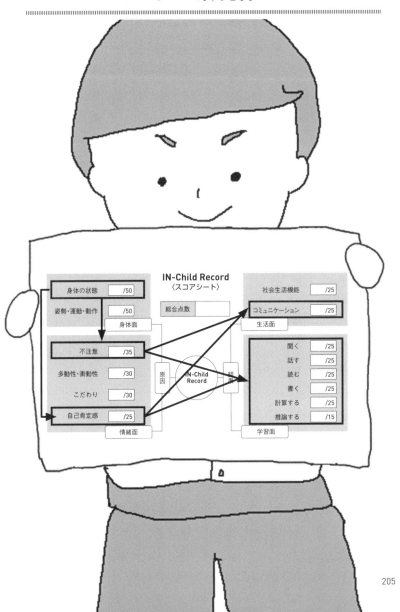

IN-Child HEROs

担任の先生

　Gさんは、学習にも部活にも気分の波があり、モチベーションが上がらないときには休んだり、来ても活動に参加できないことがあります。自分ができると思うことには自発的に取り組めるのですが、苦手なことに対しては極端に消極的になってしまいます…。

　本人からも夜遅くまでゲームをしているという話を聞いていて、学校では眠そうにしていることが多いです。夜更かしによる睡眠不足が気分の波に拍車をかけているように感じます。

ケース会議の様子

　Gさんのニーズは身体面です。身体的な疲労感が強く、自己肯定感を低下させていることが考えられます。夜更かしによってエネルギーの回復ができないと、新しいことに取り組むためのモチベーションは生まれづらくなります。
　しっかりとした**睡眠をとって疲労を取ることと、友だちとコミュニケーションを取りながら学習に向かえるような環境作りが必要**です。

【アプローチ方法の提案】

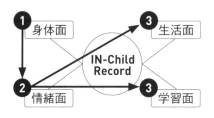

韓先生

【Gさんの個別の教育プラン作成・提案】

IN-Child HEROs

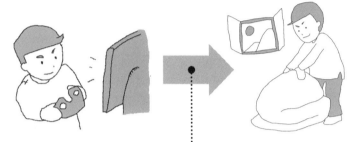

以前の様子	支援後の様子
・夜遅くまでゲームをしており、慢性的な寝不足 ・苦手意識のある教科ほどおろそかになるなど、モチベーションに波があった	・睡眠時間を自分で記録することで、睡眠時間を確保することができた ・苦手だった教科にも意欲を見せるようになった

IN-Child Record を使用した家庭との連携
- 学校での様子を IN-Child Record を共通言語として情報共有した
- ゲームの使用について、家庭と連携を取りながらルールを作った

目標とする高校を設定しスモールステップで取り組む
- 目標とする高校に必要な点数を具体的に示した
- 苦手なことに取り組む際は、課題の難易度をやさしく設定した

他にもこんなことしました！
- 学級編成の際に、顔なじみの生徒と一緒にすることで、支援的な雰囲気を前年から引き継いだ
- 周囲に声かけをしてくれる学生を配置し、声かけや学習の手助けをしてもらった

寝不足を解消することで…
生活習慣が身につくマン

睡眠時間 UP

睡眠時間の見える化

家庭との一貫した支援の継続

友だちからの声かけとクラス配置

日常の生活から
コツコツと
積み重ねること

IN-Child Recordのつけ方
IN-Child Record記入用紙
IN-Child Recordの読み方

Q&A
研究 Column

IN-Child Record のつけ方

1 IN-Child Record の評価方法

【手順1】

それぞれの項目に対して、最もふさわしいと思われる番号（1〜5）をチェックしてください。

1…「非常にあてはまる」
2…「少しあてはまる」
3…「どちらでもない」
4…「あまりあてはまらない」
5…「ほとんどあてはまらない」

○

領域		項目	非常にあてはまる	少しあてはまる	どちらでもない	あまりあてはまらない	ほとんどあてはまらない	非常にあてはまる
身体の状態「身体の状態」とは、児童生徒が服装等の不衛生、怪我や病気などの状態。	Q1	汚れ、臭い、やぶれ等があるなど、不衛生な衣服を着ている	1	2	③	4	5	
	Q2	骨折、痣、火傷等の不自然な傷が頻繁に認められる	1	●	3	4	5	
	Q3	髪、歯、爪などの身体の衛生が保たれていない	1	2	3	✓	5	
	Q4	体重や身長の伸びが悪いなど発育不良が見られる	1	✓	3	4	5	

×

領域		項目	非常にあてはまる	少しあてはまる	どちらでもない	あまりあてはまらない	ほとんどあてはまらない	非常にあてはまる
身体の状態「身体の状態」とは、児童生徒が服装等の不衛生、怪我や病気などの状態。	Q1	汚れ、臭い、やぶれ等があるなど、不衛生な衣服を着ている	1	②	3	④	5	
	Q2	骨折、痣、火傷等の不自然な傷が頻繁に認められる	1	2	3	4	5	
	Q3	髪、歯、爪などの身体の衛生が保たれていない	1	2	3	4	5	
	Q4	体重や身長の伸びが悪いなど発育不良が見られる	1	2	3	4	5	

×1つの項目にチェックが2つ以上ある
×項目にチェックがない（空欄である）
×チェックしているのか、していないのかわからない記入（消し残りなど）

【手順2】

各領域の合計点数を、一番右端の枠に記入してください。

領域		項目	非常にあてはまる	少しあてはまる	どちらでもない	あまりあてはまらない	ほとんどあてはまらない	非常にあてはまる	
身体の状態 「身体の状態」とは、児童生徒が服装等の不衛生、怪我や病気などの状態。	Q1	汚れ、臭い、やぶれ等があるなど、不衛生な衣服を着ている	1	2	3	4	5		
	Q2	骨折、痣、火傷等の不自然な傷が頻繁に認められる	1	2	3	4	5		
	Q3	髪、歯、爪などの身体の衛生が保たれていない	1	2	3	4	5		
	Q4	体重や身長の伸びが悪いなど発育不良が見られる	1	2	3	4	5		
	Q5	持続する疲労感、活動性低下が見られる	1	2	3	4	5		40/50
	Q6	緊張により身体を萎縮させる	1	2	3	4	5		
	Q7	子どもに無表情・凍りついた凝視が見られる	1	2	3	4	5		
	Q8	身体の不調を訴えるが、症状が変わりやすい	1	2	3	4	5		

【手順3】

スコアシートに領域点数を記入し、総合点数を算出してください。

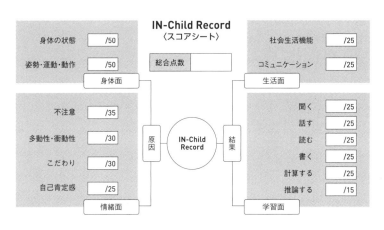

★最終確認

ひとつでも項目に空欄があるとICRの分析ができません。

答えることが難しい項目は「3：どちらでもない」にチェックしてください。

IN-Child Record 記入用紙

*記入必須（該当箇所に〇をつけてください）

1. 実施日：　　　　年　　　　月　　　　日
2. 学校種：　　小学校　・　中学校
3. 対象者：　　　年　　　組　　　番　（　男子　・　女子　）

	領域		項目	非常にあてはまる	少しあてはまる	どちらでもない	あまりあてはまらない	ほとんどあてはまらない	非常にあてはまる
身体面	**身体の状態** 「身体の状態」とは、児童生徒が服装等の不衛生、怪我や病気などの状態。	Q1	汚れ、臭い、やぶれ等があるなど、不衛生な衣服を着ている	1	2	3	4	5	/50
		Q2	骨折、痣、火傷等の不自然な傷が頻繁に認められる	1	2	3	4	5	
		Q3	髪、歯、爪などの身体の衛生が保たれていない	1	2	3	4	5	
		Q4	体重や身長の伸びが悪いなど発育不良が見られる	1	2	3	4	5	
		Q5	持続する疲労感、活動性低下が見られる	1	2	3	4	5	
		Q6	緊張により身体を萎縮させる	1	2	3	4	5	
		Q7	子どもに無表情・凍りついた凝視が見られる	1	2	3	4	5	
		Q8	身体の不調を訴えるが、症状が変わりやすい	1	2	3	4	5	
		Q9	不自然に子どもが保護者に密着している	1	2	3	4	5	
		Q10	年齢不相応な性的な興味関心・言動がある	1	2	3	4	5	
	姿勢・運動・動作 「姿勢・運動・動作」とは、児童生徒の日常生活の基本となる姿勢あるいは位置を変化させる動作、運動における困難の状態・程度。	Q11	正しい姿勢で座れない	1	2	3	4	5	/50
		Q12	日常生活の中でバランスをくずしやすい	1	2	3	4	5	
		Q13	立ち上がったり、座ったりするときにバランスをくずしやすい	1	2	3	4	5	
		Q14	片足立ちができない	1	2	3	4	5	
		Q15	早く歩いたり、走ったりするとつまずきやすい	1	2	3	4	5	
		Q16	移動中、人や物にぶつかりやすい	1	2	3	4	5	
		Q17	走っていて急に止まれない	1	2	3	4	5	
		Q18	傾斜やでこぼこ道など様々な状況に応じた身体の使い方ができない	1	2	3	4	5	
		Q19	給食の配膳のときに、食器に入っている食べ物をこぼしやすい	1	2	3	4	5	
		Q20	道具を使った遊びが不得意である	1	2	3	4	5	

原因1 > 原因2 結果1 > 結果2

1. 以下の項目に対して、最もふさわしいと思われる番号1〜5を、まる(○)で囲んでください。
2. 「1: 非常にあてはまる」「2: 少しあてはまる」「3: どちらでもない」「4: あまりあてはまらない」「5: ほとんどあてはまらない」
3. 各領域の合計点数を、一番右端に記入してください。

	領域		項目	非常にあてはまる	少しあてはまる	どちらでもない	あまりあてはまらない	ほとんどあてはまらない	非常にあてはまる
情緒面	**不注意**「不注意」とは、児童生徒が特定の刺激に集中することができないことによって、日々の活動に生じる困難の程度。	Q21	気が散りやすい	1	2	3	4	5	/35
		Q22	忘れ物が多いなど、日々の活動で忘れっぽい	1	2	3	4	5	
		Q23	学校の勉強で、細かい箇所に注意を払わなかったり、不注意な間違いをしたりする	1	2	3	4	5	
		Q24	面と向かって話しかけられているのに、聞いていないように見える	1	2	3	4	5	
		Q25	集中して努力を続けなければならない課題(学校の勉強や宿題等)を避ける	1	2	3	4	5	
		Q26	学習課題や活動を順序立てて行うことが難しい	1	2	3	4	5	
		Q27	指示に従えず、また仕事を最後までやり遂げない	1	2	3	4	5	
	多動性・衝動性「多動性・衝動性」とは、児童生徒が場にそぐわない行動を行うことによって、日々の活動に生じる困難の程度。	Q28	手足をそわそわ動かしたり、着席していても、もじもじしたりする	1	2	3	4	5	/30
		Q29	授業中に席を離れてしまう	1	2	3	4	5	
		Q30	きちんとしていなければならないときに、過度に走り回ったりよじ登ったりする	1	2	3	4	5	
		Q31	順番を待つことが難しい	1	2	3	4	5	
		Q32	質問が終わる前に出し抜けに答えてしまう	1	2	3	4	5	
		Q33	他の人がしていることをさえぎったり、邪魔したりする	1	2	3	4	5	
	こだわり「こだわり」とは、児童生徒の常同的・反復的な興味や行動によって、日々の活動に生じる困難の程度。	Q34	特定の物に執着がある	1	2	3	4	5	/30
		Q35	とても得意なことがある一方で、極端に不得手なものがある	1	2	3	4	5	
		Q36	特定の分野の知識を蓄えているが、丸暗記であり、意味をきちんとは理解していない	1	2	3	4	5	
		Q37	他の子どもは興味を持たないようなことに興味があり、「自分だけの知識世界」を持っている	1	2	3	4	5	
		Q38	自分なりの独特な日課や手順があり、変更や変化を嫌がる	1	2	3	4	5	
		Q39	ある行動や考えに強くこだわることによって、簡単な日常の活動ができなくなることがある	1	2	3	4	5	
	自己肯定感「自己肯定感」とは、児童生徒が自己に対して前向きな感情を持てないことによって、日々の活動に生じる困難の程度。	Q40	行動を起こす前に、周囲の人に頻繁に確認する	1	2	3	4	5	/25
		Q41	自分から身近な大人に関わろうとしない	1	2	3	4	5	
		Q42	できなかったことに取り組む姿勢が見られない	1	2	3	4	5	
		Q43	新しいことができても、嬉しそうな表情を見せない	1	2	3	4	5	
		Q44	肯定的な言葉がけをしても、安定しない	1	2	3	4	5	

IN-Child Record 記入用紙

*記入必須（該当箇所に〇をつけてください）

1. 実施日：　　　年　　　月　　　日
2. 学校種：　　小学校　・　中学校
3. 対象者：　　　年　　　組　　　番　（　男子　・　女子　）

生活面

領域		項目	非常にあてはまる	少しあてはまる	どちらでもない	あまりあてはまらない	ほとんどあてはまらない	
社会生活機能「社会生活機能」とは、児童生徒の学校生活の基となるルールの理解や人間関係の形成における困難の程度。	Q45	毎日のように学校を遅刻・早退している	1	2	3	4	5	
	Q46	授業中のルールを理解せず、席を離れ、私語をする等、行動調整をしながら参加することが難しい	1	2	3	4	5	
	Q47	球技やゲームをするとき、仲間と協力することに考えが及ばない	1	2	3	4	5	/25
	Q48	誰かに何かを伝える目的がなくても、場面に関係なく声を出す	1	2	3	4	5	
	Q49	友だちのそばにはいるが、一人で遊んでいる	1	2	3	4	5	
コミュニケーション「コミュニケーション」とは、児童生徒の学校生活における周囲の人との関わりや、意思疎通における困難の程度。	Q50	授業中、子ども同士、教師等授業で関わった全ての人と関わりを持とうとしない	1	2	3	4	5	
	Q51	周りの人が困惑するようなことも、配慮しないで言ってしまう	1	2	3	4	5	
	Q52	会話の仕方が形式的であり、抑揚なく話したり、間合いが取れなかったりすることがある	1	2	3	4	5	/25
	Q53	含みのある言葉や嫌味を言われてもわからず、言葉通りに受けとめてしまうことがある	1	2	3	4	5	
	Q54	適切なコミュニケーション手段を選択・表現できない	1	2	3	4	5	

学習面

領域		項目	非常にあてはまる	少しあてはまる	どちらでもない	あまりあてはまらない	ほとんどあてはまらない	
聞く「聞く」とは、児童生徒の学校生活における聞く能力の困難の程度。	Q55	長く話をされたりすると、聞き取ることが難しい	1	2	3	4	5	
	Q56	簡単な指示や質問でも、勘違いや聞きもらしがある	1	2	3	4	5	
	Q57	音の聞き間違いが多い	1	2	3	4	5	/25
	Q58	話し合いが難しい	1	2	3	4	5	
	Q59	個別に言われれば聞き取れるが、集団では難しい	1	2	3	4	5	
話す「話す」とは、児童生徒の学校生活における話す能力の困難の程度。	Q60	適切な速さで話すことが難しい	1	2	3	4	5	
	Q61	話すときに、音の入れ替えや、音の誤りがある	1	2	3	4	5	
	Q62	ことばを想起するのに時間がかかったり、ことばにつまったりする	1	2	3	4	5	/25
	Q63	単語を羅列するなど、短い文で内容的に乏しい話をする	1	2	3	4	5	
	Q64	思いつくままに話すなど、筋道の通った話をするのが難しい	1	2	3	4	5	

| 原因1 | 原因2 | **結果1** | 結果2 |

1. 以下の項目に対して、最もふさわしいと思われる番号1～5を、まる(○)で囲んでください。
2. 「1: 非常にあてはまる」「2: 少しあてはまる」「3: どちらでもない」「4: あまりあてはまらない」「5: ほとんどあてはまらない」
3. 各領域の合計点数を、一番右端に記入してください。

学習面	**読む** 「読む」とは、児童生徒の学校生活における読む能力の困難の程度。	Q65	頻繁に使う語でも、間違えて読む	1	2	3	4	5	/25
		Q66	音読をする際、促音や抑音などの特殊音節を読み間違える	1	2	3	4	5	
		Q67	文中の語句や行を抜かしたり、または繰り返し読んだりする	1	2	3	4	5	
		Q68	音読が遅い	1	2	3	4	5	
		Q69	音読はできても、内容を理解していないことがある	1	2	3	4	5	
	書く 「書く」とは、児童生徒の学校生活における書く能力の困難の程度。	Q70	読みにくい字を書く	1	2	3	4	5	/25
		Q71	平仮名や片仮名、漢字の上下や左右の入れ替わりなど、細かい部分を書き間違える	1	2	3	4	5	
		Q72	誤字、脱字が多く、板書を写すことや作文を書くことが難しい	1	2	3	4	5	
		Q73	句読点が抜けたり、正しく打つことができない	1	2	3	4	5	
		Q74	限られた量の作文や、決まったパターンの文章しか書けない	1	2	3	4	5	
	計算する 「計算する」とは、児童生徒の学校生活における計算する能力の困難の程度。	Q75	学年相応の数や意味の表し方についての理解が難しい	1	2	3	4	5	/25
		Q76	簡単な計算が暗算でできない	1	2	3	4	5	
		Q77	計算をするのにとても時間がかかる	1	2	3	4	5	
		Q78	答えを得るのにいくつかの段階を要する問題を解くのが難しい	1	2	3	4	5	
		Q79	学年相応の文章題を解くのが難しい	1	2	3	4	5	
	推論する 「推論する」とは、児童生徒の学校生活における推論する能力の困難の程度。	Q80	学年相応の量、時間、モノの位置、空間を理解することが難しい	1	2	3	4	5	/15
		Q81	学年相応の図形を構成、分解、模写することが難しい	1	2	3	4	5	
		Q82	事物の因果関係を理解するのが難しい	1	2	3	4	5	

IN-Child Record 記入用紙

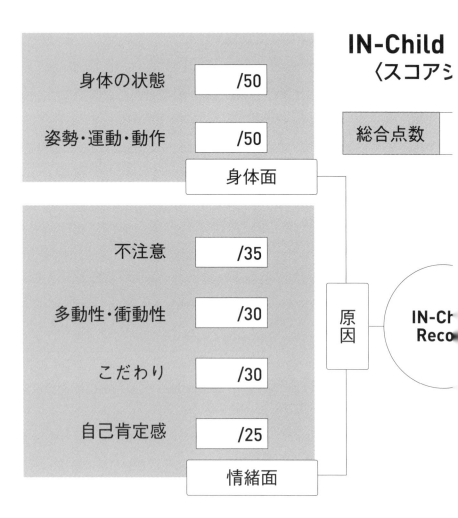

Record
〈シート〉

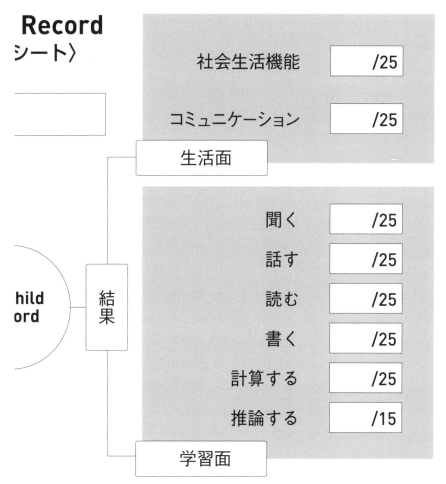

生活面	社会生活機能	/25
	コミュニケーション	/25

学習面	聞く	/25
	話す	/25
	読む	/25
	書く	/25
	計算する	/25
	推論する	/15

IN-Child Record の読み方

カットオフ値

　表の点数を下回る場合、その領域の教育的ニーズや課題が特に高い可能性が考えられます。

　ただし、カットオフ値はあくまでも目安であり、カットオフ値を上回ってもニーズがないとはいえず、下回っても必ずしも課題があるとはいえません。この値は、研究の進捗により多少の変動があります。その都度、ホームページにて更新しますので参考値としてご使用ください。

領域	カットオフ値
総合点数	307 点
身体の状態	41 点
姿勢・運動・動作	41 点
不注意	18 点
多動性・衝動性	21 点
こだわり	21 点
自己肯定感	17 点
社会生活機能	18 点
コミュニケーション	17 点
聞く	16 点
話す	17 点
読む	17 点
書く	16 点
計算する	13 点
推論する	8 点

ニーズのパターン化

　領域の点数がカットオフ値以下の場合、その領域の組み合わせや関係性（パターン）を読み解くことで教育的ニーズや課題を可視化し、より具体的な教育プランを立てることができます。IN-Child Recordは、「人間そのもの」を評価するのではなく、「教育的ニーズ（教育的課題）」の実態を把握することで、より具体的な教育実践を提供します。

　ニーズは、解決するために存在します。そしてニーズを的確に解決するためには評価が必要です。つまり、IN-Child Recordでチェックし、それらのニーズを読み解くことで、子どもが「今」抱えているニーズをパターンを基に把握し、それを改善・解決するための教育実践を的確に提供することを目的に、統計的手法を用いてパターンの分析や検証（パターン化）を行いました。

IN-Child Record の読み方

「身体の状態」が影響を与える領域

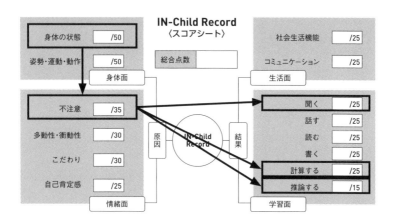

「身体の状態」の低下が「不注意」を引き起こし、

（上）【パターン1】「聞く」ことに影響を及ぼしている
（中）【パターン2】「計算する」ことに影響を及ぼしている
（下）【パターン3】「推論する」ことに影響を及ぼしている

…＞身だしなみが整っていない子、いつも体調が悪い子

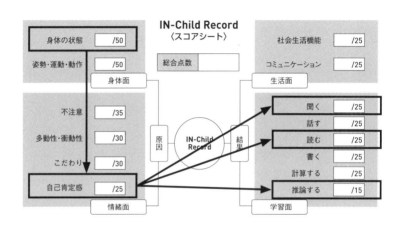

「身体の状態」の低下が「自己肯定感」の低下を引き起こし、

(上)【パターン4】「聞く」ことに影響を及ぼしている
(中)【パターン5】「読む」ことに影響を及ぼしている
(下)【パターン6】「推論する」ことに影響を及ぼしている

…>甘えん坊な子

IN-Child Record の読み方

「ADHD（注意欠如・多動症）傾向」が影響を与える領域

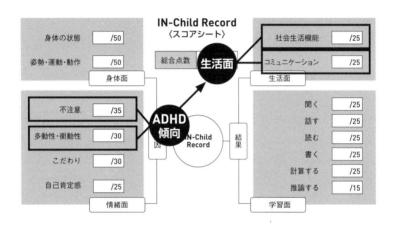

【パターン1】
「不注意」と「多動性・衝動性」がどちらも低くなると「ADHD 傾向」としてあらわれ、「社会生活機能」と「コミュニケーション」の「生活面」全般に影響を及ぼしている

…＞忘れっぽい子、よく飛び出す子

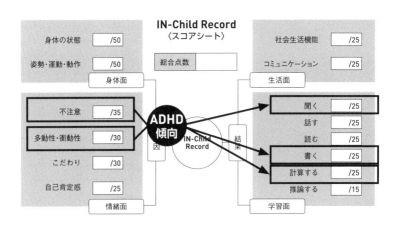

「不注意」と「多動性・衝動性」がどちらも低くなると「ADHD傾向」としてあらわれ、

（上）【パターン2】「聞く」ことに影響を及ぼしている
（中）【パターン3】「書く」ことに影響を及ぼしている
（下）【パターン4】「計算する」ことに影響を及ぼしている

…＞授業中に立ち歩く子

IN-Child Record の読み方

「ASD（自閉症スペクトラム）傾向」が影響を与える領域

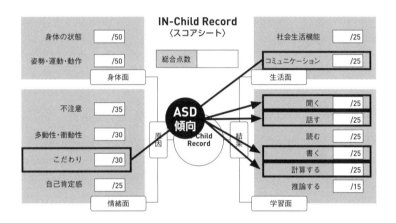

「こだわり」と「コミュニケーション」がどちらも低くなると「ASD傾向」としてあらわれ、

（上）　【パターン1】「聞く」ことに影響を及ぼしている
（中上）【パターン2】「話す」ことに影響を及ぼしている
（中下）【パターン3】「書く」ことに影響を及ぼしている
（下）　【パターン4】「計算する」ことに影響を及ぼしている

…＞こだわりがある子、一人で遊んでいる子

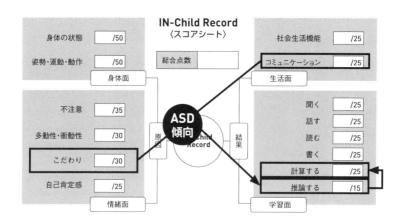

【パターン5】

「こだわり」と「コミュニケーション」がどちらも低くなると「ASD傾向」としてあらわれ、「推論する」の低下を引き起こし、「計算する」ことに影響を及ぼしている

…>繰り返しちゃう子

IN-Child Record の読み方

「SLD(限局性学習症)傾向」が影響を与える領域

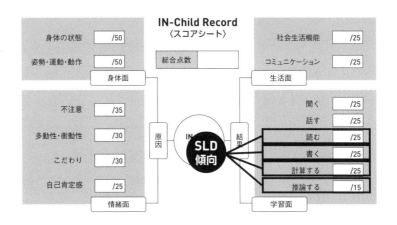

「学習面」のうち「読む」と「書く」、「計算する」「推論する」がどこも低くなると「SLD傾向」としてあらわれ、その領域の低下は他の領域のどこからも影響を受けない

…＞読み書きが苦手な子、算数がとっても苦手な子

パターンにあてはまらないニーズ

　IN-Child Record では、子どもの教育的ニーズや課題をパターン化することで、より的確な教育的支援を提供することが可能です。しかし、子ども一人ひとりの持つニーズは多様であり、IN-Child Record ではパターン化できないニーズももちろんあります。

　パターンにあてはまらないニーズとは、以下のような場合が考えられます。

① 　現在までに分析対象とした子どもたち以外が持っているニーズのパターン化はできていません

② 　IN-Child Record 開発時に想定していないニーズがあります
（例：鬱・躁鬱やパーソナリティ障害などの精神疾患）

IN-Child Record の読み方

「姿勢・運動・動作」が影響を与える領域

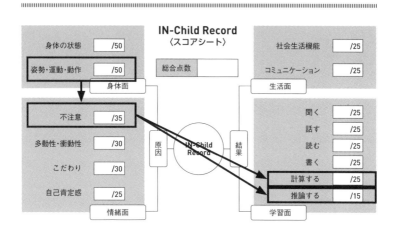

「姿勢・運動・動作」の低下が「不注意」を引き起こし、

（上）【パターン1】「計算する」ことに影響を及ぼしている
（下）【パターン2】「推論する」ことに影響を及ぼしている

…＞机からはみ出しちゃう子

IN-Child Record の読み方

IN-Child Recordの項目解釈

項目			内容の解釈	
			点数が低い	点数が高い
身体面	身体の状態	Q1 汚れ、臭い、やぶれ等があるなど、不衛生な衣服を着ている	衣服が破れたり、汚れたりしていることにより恒常的に不衛生な状態	衣服が破れたり、汚れたりすることなく常に清潔で衛生的な状態
		Q2 骨折、痣、火傷等の不自然な傷が頻繁に認められる	不自然な怪我や事故が繰り返し続くことにより、骨折や痣、火傷が頻繁に認められる状態	骨折や痣、火傷等の不自然な傷がない状態
		Q3 髪、歯、爪などの身体の衛生が保たれていない	髪や爪の汚れの目立ちやむし歯等により、身体の衛生が恒常的に保たれていない状態	髪や爪が清潔であり、むし歯も治療され、身体の衛生が恒常的に保たれている状態
		Q4 体重や身長の伸びが悪いなど発育不良が見られる	低栄養、栄養失調の傾向があり、低体重や低身長といった発育不良の状態	栄養が行き届いており、健康的に成長し、発育不良が見られない
		Q5 持続する疲労感、活動性低下が見られる	健康状態が良くなく、慢性的な疲労感、活動性の低下が見られる状態	健康状態が良く、活動的である
		Q6 緊張により身体を萎縮させる	音や振動に過剰に反応し、おびえや不安を示すなど警戒心が強く、緊張により身体を萎縮させているような状態	程よい緊張感を維持している状態
		Q7 子どもに無表情・凍りついた凝視が見られる	無表情、凍りつくような凝視など表情が乏しく、受け答え等の反応が少ない	日常的に表情が豊かである
		Q8 身体の不調を訴えるが、症状が変わりやすい	頭が痛い、おなかが痛いなど、症状が変わりやすく、頻繁に身体の不調を訴え続ける	健康状態が良く、体調が悪い際には休養をとるなど自己管理能力が形成されてる
		Q9 不自然に子どもが保護者に密着している	保護者の顔色をうかがい、不自然に密着している状態	子どもが自然に保護者に接している状態
		Q10 年齢不相応な性的な興味関心・言動がある	他児の性器を触る、自分の性器を見せるなど、年齢不相応な性知識や性的な興味関心・言動が見られる	年齢相応に、性に関する知識が形成されている

原因：**身体面**

		項目	内容の解釈	
			点数が低い	点数が高い
身体面	姿勢・運動・動作	Q11 正しい姿勢で座れない	椅子に座る際にズルズルと下がったり、ぐにゃぐにゃ椅子からはみ出たり等、一定の時間、座位の姿勢を保持することが困難	背筋を伸ばし、一定の時間、座位の姿勢を保持することができる
		Q12 日常生活の中でバランスをくずしやすい	日常生活の中で習慣的に行われる動作をする際に、身体の重心を変化させることが困難	日常生活の中で習慣的に行われる動作をする際に、身体の重心を変化させることができる
		Q13 立ち上がったり、座ったりするときにバランスをくずしやすい	立ち上がったり、座ったり、姿勢を変化させる際に、身体の重心を変化させることが困難	立ち上がったり、座ったり、姿勢を変化させる際に、身体の重心を変化させることができる
		Q14 片足立ちができない	片足立ちの姿勢を保持することが困難	片足立ちの姿勢を保持することができる
		Q15 早く歩いたり、走ったりするとつまずきやすい	早く歩いたり、走ったりするとつまずきやすく、移動運動が困難	つまずかずに早く歩いたり、走ったりする等、移動運動ができる
		Q16 移動中、人や物にぶつかりやすい	移動中人や物等の障害物を避けて歩行することが困難	移動中人や物等の障害物を避けて歩行し、ぶつからずに進むことができる
		Q17 走っていて急に止まれない	走っている際に指示を聞いてから静止することが困難	走っている際に指示を聞き、静止することができる
		Q18 傾斜やでこぼこ道など様々な状況に応じた身体の使い方ができない	傾斜や凹凸のある道等、様々な状況に応じて歩行、移動することが困難	傾斜や凹凸のある道等、様々な状況に応じて歩行、移動することができる
		Q19 給食の配膳のときに、食器に入っている食べ物をこぼしやすい	給食の配膳の際、食器に入っている食べ物を頻繁にこぼす状態	給食の配膳の際、食器に入っている食べ物をこぼさないようにしながら運搬、移動することができる
		Q20 道具を使った遊びが不得意である	ボールやなわとび、野球バット、テニスラケット等、物の運搬、移動、操作に関わる運動遊びが困難	ボールやなわとび、野球バット、テニスラケット等、物の運搬、移動、操作に関わる運動遊びができる

IN-Child Record の読み方

		項目	内容の解釈	
			点数が低い	点数が高い
情緒面	不注意	Q21 気が散りやすい	注意が散漫になりやすい	集中することができる
		Q22 忘れ物が多いなど、日々の活動で忘れっぽい	宿題や学習活動に必要な教科書や筆箱等、忘れ物が多く、日程の変化等、日々の活動の中で忘れっぽい	宿題や学習活動に必要な教科書や筆箱等の忘れ物が少なく、日程の変化等、日々の活動を覚えることができる
		Q23 学校の勉強で、細かい箇所に注意を払わなかったり、不注意な間違いをしたりする	はやとちりやうっかりミス、誤字脱字など学習活動の際に、細かい箇所に注意を払わなかったり、不注意な間違いをすることが頻繁にある	はやとちりやうっかりミス、誤字脱字など学習活動の際に、細かい箇所に注意を払い、不注意な間違いをすることが少ない
		Q24 面と向かって話しかけられているのに、聞いていないように見える	ぼんやりしたり、ほかのことに気を取られていたりする様子で、面と向かって話しかけられているのに、聞いていないように見えることが頻繁にある	話しかけられたときに、きちんと聞くことができる
		Q25 集中して努力を続けなければならない課題(学校の勉強や宿題等)を避ける	学校の勉強や宿題等、集中して努力を続けなければならない課題を極端に避ける	学校の勉強や宿題等、集中して努力を続けなければならない課題にも積極的に取り組み、やり通すことができる
		Q26 学習課題や活動を順序立てて行うことが難しい	目的に沿って行動を計画したり、順序立てて効率的に物事を進めたりすることが困難	目的に沿って行動を計画したり、順序立てて効率的に物事を進めたりすることができる
		Q27 指示に従わず、また仕事を最後までやり遂げない	指示の内容を理解していなかったり、やり方がわからなかったりすることで、指示に従わず、また仕事を最後までやり遂げることが困難	指示に従い、仕事を最後までやり遂げることができる
	多動性・衝動性	Q28 手足をそわそわ動かしたり、着席していても、もじもじしたりする	手足をそわそわ動かしたり、もじもじしたり、落ち着くことが難しい	常に手足をそわそわ動かしたり、もじもじしたりせずに、落ち着くことができる
		Q29 授業中に席を離れてしまう	授業中の離席が目立ち、学習に支障がでている状態	授業中、離席することなく、授業に集中している状態
		Q30 きちんとしていなければならないときに、過度に走り回ったりよじ登ったりする	集会や全体朝会等、きちんとしていなければならないときに過度に走り回ったりよじ登ったりする	集会や全体朝会等、きちんとしていなければならないときに指示に従うことができる
		Q31 順番を待つことが難しい	話す場面において、話の順番を待つことができなかったり、遊具ゲーム等の使用の順番を待つことが難しく、割り込んでしまうことが頻繁にある	並んだりする等して、順番を待つことができる
		Q32 質問が終わる前に出し抜けに答えてしまう	質問を最後まで聞かずに、衝動的に答えてしまうことが頻繁にある	質問を最後まで聞いて、答えることができる

原因：情緒面

		Q33	他の人がしていることをさえぎったり、邪魔したりする	他の人がしていることをさえぎったり、別のことをしている友達を誘ってしまったり等、頻繁に邪魔をする	他の人がしていることをさえぎったり、邪魔をしたりすることがない
情緒面	こだわり	Q34	特定の物に執着がある	特定の物や行為に対して強く執着し、生活に支障をきたしている状態	特定の物に対して執着しない状態
		Q35	とても得意なことがある一方で、極端に不得手なものがある	科目等の得意、不得意の差が極端な状態	科目等の得意、不得意の差が極端でなく、バランスが取れている状態
		Q36	特定の分野の知識を蓄えているが、丸暗記であり、意味をきちんとは理解していない	特定の分野の知識を蓄えているが、丸暗記であり、意味をきちんとは理解していないことが頻繁にある	物事の意味をきちんと理解している
		Q37	他の子どもは興味を持たないようなことに興味があり、「自分だけの知識世界」を持っている	他の子どもが興味を持たないようなマニアックな限定された興味を持っている状態	あらゆることに興味を持っている状態
		Q38	自分なりの独特な日課や手順があり、変更や変化を嫌がる	突然、予定が変更されると納得がいかなかったり、混乱したりすることで、日常の活動に支障をきたしている状態	突然の予定の変更にも臨機応変に対応することができる
		Q39	ある行動や考えに強くこだわることによって、簡単な日常の活動ができなくなることがある	特定の行動や考えに強くこだわることによって、日常生活に支障をきたしている状態	特定の行動や考えにこだわることなく、活動に参加することができる
	自己肯定感	Q40	行動を起こす前に、周囲の人に頻繁に確認する	一つのことに関して頻繁に周囲の人に確認する様子が見られ、自分で決断することが困難であり、日常生活に支障をきたしている状態	わからないことなどは周囲の人に確認するが、自分で決断することはできる
		Q41	自分から身近な大人に関わろうとしない	自ら身近な大人に関わろうとせず、何か問題が起こっても、相談しようとしない	自ら適度に身近な大人に関わりを持とうとする姿勢が見られる
		Q42	できなかったことに取り組む姿勢が見られない	できなかったことに対して、自ら取り組もうとする姿勢がまったく見られない	できないことがあっても、繰り返し取り組み、自ら改善しようとする姿勢が見られる
		Q43	新しいことができても、嬉しそうな表情を見せない	新しいことができても、嬉しそうな表情を見せず、積極的な姿勢が見られない	新しいことができると、嬉しそうな表情を見せ、さらに新しいことに取り組もうとしたり等、積極的な姿勢が見られる
		Q44	肯定的な言葉がけをしても、安定しない	混乱した際、肯定的な言葉がけをしても安定せず、不安定な状態が頻繁に見られる	混乱した際、肯定的な言葉がけにより安定し、自ら持ち直すことができる

IN-Child Record の読み方

		項目	内容の解釈	
			点数が低い	点数が高い
生活面	社会生活機能	Q45 毎日のように学校を遅刻・早退している	毎日のように学校を遅刻・早退している	ほぼ毎日学校に登校し、遅刻・早退などがない状態
		Q46 授業中のルールを理解せず、席を離れ、私語をする等、行動調整をしながら参加することが難しい	授業中のルールを理解せず、席を離れ、私語をする等の行動調整をすることが非常に困難である	授業中のルールを理解し、離席や私語をしない等、自分の行動を調整できる
		Q47 球技やゲームをするとき、仲間と協力することに考えが及ばない	球技やゲームをするとき、仲間と協力することに考えが及ばず、周囲から孤立していることが頻繁にある	球技やゲームをするとき、積極的に仲間と協力する姿勢が見られる
		Q48 誰かに何かを伝える目的がなくても、場面に関係なく声を出す(例:唇をならす、咳払い、叫ぶ)	唇をならす、咳払い、叫ぶ等、誰かに何かを伝える目的がなくても、場面に関係なく声を出すことが頻繁にある	何かを伝える目的以外では、唇をならす、咳払い、叫ぶ等、場面に関係なく声を出すことがない
		Q49 友だちのそばにはいるが、一人で遊んでいる	友だちのそばにはいるが、お喋りをしたり一緒に活動したりすることなく、一人で遊んでいる様子が頻繁に見られる	友だちのそばにいる際、楽しくお喋りしたり、一緒に活動したりする等といった姿が見られる
		Q50 授業中、子ども同士、教師等授業で関わった全ての人と関わりを持とうとしない	授業中、子ども同士、教師等授業で関わった全ての人と関わりを持とうとせず、周囲とコミュニケーションを取ろうとする様子が見られない	授業中、子ども同士、教師等授業で関わった人と積極的に関わりを持とうとする様子が見られ、積極的にコミュニケーションを取ろうとする様子が見られる
	コミュニケーション	Q51 周りの人が困惑するようなことも、配慮しないで言ってしまう	周囲の人が困惑するようなことも、配慮しないで口に出してしまう	周りの人に配慮しながらも、自分の意見を言うことができる
		Q52 会話の仕方が形式的であり、抑揚なく話したり、間合いが取れなかったりすることがある	会話の仕方が形式的であり、抑揚なく話したり、間合いが取れなかったりすることで、周囲とのコミュニケーションに支障をきたしている	不都合なく会話を交わすことができ、周囲との意思疎通がとれている
		Q53 含みのある言葉や嫌味を言われてもわからず、言葉通りに受け止めてしまうことがある	含みのある言葉や嫌味を言われてもわからず、言葉通りに受け止めてしまうことで、周囲とのコミュニケーションに支障をきたしている	含みのある言葉や嫌味を言われた際に、意味を理解し、それに対応することができる
		Q54 適切なコミュニケーション手段を選択・表現できない	言語や非言語を含む適切なコミュニケーション手段を選択・表現することが困難であり、周囲の人との意思疎通における困難が生じている	言語や非言語を含む適切なコミュニケーション手段を選択・表現することで、周囲の人と意思疎通ができる

原因：**生活面・学習面**

	項目		内容の解釈	
			点数が低い	点数が高い
学習面	聞く	Q55 長く話をされたりすると、聞き取ることが難しい	長い話になると、聞き取ることが非常に困難である	長く話をされたりした場合でも、聞き取ることができる
		Q56 簡単な指示や質問でも、勘違いや聞きもらしがある	簡単な指示や質問をされた際、勘違いや聞きもらしが非常に多く、学習活動の際に支障をきたしている	簡単な指示や質問をされた際、勘違いや聞きもらしがほとんどない
		Q57 音の聞き間違いが多い（「知った」を「行った」、「はな」を「あな」）	「知った」を「行った」、「はな」を「あな」と聞き間違えるなど、音の聞き間違いが多く、学校生活や学習活動において支障をきたしている	音の聞き間違いがほとんどない
		Q58 話し合いが難しい（話し合いの流れが理解できず、ついていけない）	話し合いの流れが理解できず、ついていけないなど、学校生活や学習活動において支障をきたしている	聞くことにほとんど問題がなく、話し合いに参加することができる
		Q59 個別に言われれば聞き取れるが、集団では難しい	個別に言われれば聞き取れるが、集団で聞く際に聴き取ることが難しく、学校生活や学習活動において支障をきたしている	個別で言われても集団で言われても、ほとんど問題なく話を聞き取ることができる
	話す	Q60 適切な速さで話すことが難しい（たどたどしく話す。とても早口である）	たどたどしく話したり、とても早口で話したりするなど、適切な速さで話すことが困難である	適切な速さで話すことができる
		Q61 話すときに、音の入れ替えや、音の誤りがある	話す際に、「やわらかい」を「やらわかい」、「おとこのこ」を「おとののこ」といった音の入れ替えや音の誤りが頻繁に見られる	話す際に、音の入れ替えや、音の誤りがほとんどない
		Q62 ことばを想起するのに時間がかかったり、ことばにつまったりする	ことばを想起するのに時間がかかったり、ことばにつまったりすることで、学校生活や学習活動において支障をきたしている	ことばを想起するのに時間がかかったり、ことばにつまったりすることなく、話をすることができる
		Q63 単語を羅列するなど、短い文で内容的に乏しい話をする	単語を羅列するなど、短い文で内容的に乏しい話をすることで、学校生活や学習活動において支障をきたしている	話す際に、単語や文等をつなげて話し、特に問題なく話をすることができる
		Q64 思いつくままに話すなど、筋道の通った話をするのが難しい	思いつくままに話したり、話が飛躍したりすることが頻繁にあり、筋道の通った話をすることが難しい	よく考え、筋道の通った話をしようとする様子が見られる

IN-Child Record の読み方

	項目		内容の解釈	
			点数が低い	点数が高い
学習面	読む	Q65	頻繁に使う語でも、間違えて読む(「せいかつ」を「せかつ」、「とおまわり」を「とおわまり」と読む)	音読の際、「せいかつ」を「せかつ」、「とおまわり」を「とおわまり」など、頻繁に使う語でも、間違えて読むことが頻繁にある	音読の際、ほとんど間違えることなく読むことができる
		Q66	音読をする際、促音や拗音などの特殊音節を読み間違える	音読の際、促音(っ)や拗音(ゃ、ゅ、ょ)などの特殊音節を読み間違える	音読の際、促音や拗音などの特殊音節を読み間違えることなく読み進めることができる
		Q67	文中の語句や行を抜かしたり、または繰り返し読んだりする	音読の際、文中の語句や行を抜かしたり、または繰り返し読んだりすることが頻繁にあり、学校生活や学習活動において支障をきたしている	音読の際、文中の語句や行を抜かしたり、または繰り返し読んだりすることなく、読み進めることができる
		Q68	音読が遅い(平仮名や片仮名などが逐語読みになったり、漢字を読むのが難しい)	音読の際、平仮名や片仮名などが逐語読みになったり、漢字を読めずに止まってしまうことが頻繁にあり、学校生活や学習活動において支障をきたしている	音読の際、漢字の読み等に引っかからずに、音読を読み進めることができる
		Q69	音読ができても、内容を理解していないことがある	音読はできても、内容をほとんど理解していないことが頻繁にある	音読をしながら、内容を理解している
	書く	Q70	読みにくい字を書く(字の形や大きさが整っていない。まっすぐに書けない)	字の形や大きさが整っていない、まっすぐに書けない等、頻繁に読みにくい字を書く	字の形や大きさが整っており、読みやすい字を書くことができる
		Q71	平仮名や片仮名、漢字の上下や左右の入れ替わりなど、細かい部分を書き間違える	平仮名や片仮名、漢字の上下や左右の入れ替わり等、細かい部分を書き間違えることが頻繁にある	平仮名や片仮名、漢字の上下や左右の入れ替わりなど、細かい部分を書き間違えることなく文章を書くことができる
		Q72	誤字、脱字が多く、板書を写すことや作文を書くことが難しい	誤字、脱字が多く、板書を写すことや作文を書くことが困難であり、学校生活や学習活動において支障をきたしている	誤字、脱字をすることがほとんどなく、板書を写すことや作文を書くことができる
		Q73	句読点が抜けたり、正しく打つことができない	句読点が抜けたり、正しく打つことができないことで、書く作業を伴った学校生活や学習活動において支障をきたしている	句読点を正しく打つことができ、文章を書くことができる
		Q74	限られた量の作文や、決まったパターンの文章しか書けない	限られた量の作文や、決まったパターンの文章しか書けないことが頻繁にある	決まったパターンの文章だけではなく、様々なパターンを組み合わせて作文を書くことができる

原因：**学習面**

		項目	内容の解釈	
			点数が低い	点数が高い
学習面	計算する	Q75 学年相応の数や意味の表し方についての理解が難しい（三百四十七を30047と書く。分母の大きい数が分数の値として大きいと思っている）	三百四十七を30047と書いたり、分母の大きい数が分数の値として大きいと思っていたりと、学年相応の数や意味の表し方についての理解が困難であり、学校生活や学習活動において支障をきたしている	学年相応の数や意味の表し方について理解し、学習活動を進めることができる
		Q76 簡単な計算が暗算でできない	簡単な計算を暗算ですることが困難である	簡単な計算を暗算ですることができる
		Q77 計算するのにとても時間がかかる	計算するのにとても時間がかかり、授業についていくことが困難である等、学習活動の際に支障をきたしている	計算するのに特に問題なく、学習活動を進めることができる
		Q78 答えを得るのにいくつかの段階を要する問題を解くことが難しい（四則混合の計算。2つの立式を必要とする計算）	四則混合の計算や、2つ以上の立式を必要とする計算等、答えを得るのにいくつかの段階を要する問題を解くことが難しく、学習活動の際に支障をきたしている	四則混合の計算や、2つ以上の立式を必要とする計算等、答えを得るのにいくつかの段階を要する問題を解くことができる
		Q79 学年相応の文章題を解くのが難しい	学年相応の文章題を解くのが難しく、学習活動の際に支障をきたしている	学年相応の文章題を解くことができる
	推論する	Q80 学年相当の量、時間、モノの位置、空間を理解することが難しい（「15cmは150mmということ」「昨日・今日・明日」「前・後、左・右」）	15cmは150mmということや、昨日・今日・明日、前・後、左・右等、学年相応の量、時間、モノの位置、空間を理解することが難しく、学習活動の際に支障をきたしている	15cmは150mmということや、昨日・今日・明日、前・後、左・右など、学年相応の量、時間、モノの位置、空間を理解し、学習活動を進めることができる
		Q81 学年相応の図形を構成、分解、模写することが難しい（丸やひし形などの図形模写。見取り図や展開図）	丸やひし形などの図形模写、見取り図や展開図等、学年相応の量、時間、モノの位置、空間を理解することが難しく、学習活動に支障をきたしている	丸やひし形などの図形模写、見取り図や展開図等、学年相応の量、時間、モノの位置、空間を理解し、学習活動を進めることができる
		Q82 事物の因果関係を理解するのが難しい	ある事実と別のある事実との間に発生する、原因と結果の関係を理解することが難しい	ある事実と別のある事実との間に発生する、原因と結果の関係を理解することができる

Q&A

Q1 個人情報の取り扱いに関する配慮は
どのようになっていますか？

A1 IN-Child Record に
個人を特定できる情報は含まれません。

　IN-Child Record の分析に必要な情報は、IN-Child Record の点数と対象者の学年、性別だけです。その他の、児童生徒だけでなく評価者や保護者の情報は取り扱いませんので、個人を特定できません。

　しかし、配慮としては、IN-Child Record をナンバリングし、学年や性別もコード化することで、すべての情報を数値データとして蓄積・管理しています。また、万が一評価者から送られた IN-Child Record に、個人が特定できると思われる記載（メモ書きを含む）がある場合、シュレッダー等を用いて処分します。

Q2 医学的診断との違いは何ですか？

A2 情報の活用目的と使用方法に関して医学的診断とは根本的な違いがあります。

今まで、医学的に発達障害を診断するために、様々なツールが開発されてきました。よく、IN-Child Record と医学的な発達診断との違いは？ と聞かれますが、IN-Child が生まれた5つのポリシー（253ページ）が他の医学的発達診断との大きな違いになっています。

IN-Child Record は、医学的発達診断とは違い、子どもの教育的ニーズを包括的に把握することで、具体的にどのような手立てを行うべきかというソリューションを提供するためのツールです。そのため、医学的発達診断とは違い、学齢期の子どもであれば、誰を対象としても活用できます。また、専門的な知識がなくても、簡単な説明会を受講した人であれば、使用することができます。子どもが子ども時代を一番長く過ごす場所は、病院ではなく家庭や教育・保育現場です。子どもを見守る誰もが使えて、共通言語として話し合うことができるツールを……。

そんな思いで生まれたのが、IN-Child Record なのです。

	IN-Child Record	某医学的発達診断ツール
評価の目的	子どもの教育的ニーズを包括的に把握し、ソリューションを提供する	発達障害者の特性を包括的に把握する
評価対象者	学齢期の子どもは誰でも	発達障害者
信頼性が確認されている評価者	説明会を受講した誰でも	熟練した精神科医
ソリューションの提供	分析結果から教育プランを提供する	医療的措置

Q&A

Q3 発達評価との違いは何ですか？

A3 IN-Child Record は、人間の発達を評価するものではなく、子どもが持つ課題やニーズを把握するための尺度です。

既存の発達評価などは、日本中からたくさんのデータを集め、「発達の目安」「標準発達」といった「発達の基準」を設定しています。しかし、標準的な発達（正常発達）かそうでないかを判断するということは、標準的でない発達（正常でない発達）を規定することになり、保護者の不安を煽る要因となったり、差別的な意味も含んだりする恐れがあります。

また、日本だけを基準として標準的な発達を決めることの危険性もあります。現在、諸外国では、「発達に標準はない」という流れになってきており、「発達障害」という言葉をなくそうとする動きが高まっています。

たとえば、医療現場では具体的な数値を使って、診断を行っています。悪玉（LDL）コレステロール値を例にとってみてみましょう。LDLコレステロール値が60〜119であると基準範囲、59以下と120以上は要注意、180以上は異常であるとされています。

では、発達の場合どう捉えればよいのでしょうか。「標準発達」の範囲を決めると、「標準より遅い人」と「標準より早い人」も同時に設定されます。では、その標準発達の基準より遅いと劣っているのでしょうか？　また、基準より遅いと発達障害の可能性があるといえるのでしょうか？　基準より早いと優れているのでしょうか？　そもそも子どもたちの成長は、評価した段階で標準より遅くても、成長する中で変化するものなのです。

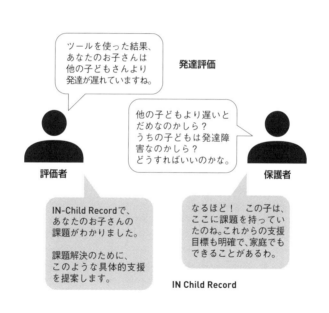

研究 Column

研究者の協議のもとで、IN-Child Record に必要な項目を精査し、類似しているものを整理することで、それぞれの領域を設定しました。子どもの成長発達を考慮し、大きく「身体面」「情緒面」「生活面」「学習面」に分かれ、それぞれの下位領域にチェック項目を設け、14 領域 82 項目の尺度となりました。それぞれの領域点数から、総合的に子どもの実態把握と教育プランの検討が可能になります。

領域と項目

領域	下位領域	定義	参考資料
身体面	身体の状態	児童生徒の服装等の不衛生、怪我や病気などの状態	・『児童虐待防止と学校』研修教材（文部科学省，2006） ・『児童虐待の早期発見と適切な対応のためのチェックリスト』（東京都教育委員会，2010） ・『いじめの防止等のために 教職員用ハンドブック』（京都府教育委員会，2015）
	姿勢・運動・動作	児童生徒の日常生活の基本となる姿勢あるいは位置を変化させる動作、運動における困難の状態・程度	・『特別支援学校学習指導要領解説 自立活動編』（文部科学省，2009）→「身体の動き」領域 ・『発達性協調運動障害に関する運動発達チェックリスト』（松原豊，2012） ・『発達が気になる子の運動あそび 88 松原豊（編著）』（澤江幸則，阿部崇，松村汝京／著，2014）
情緒面	不注意	児童生徒が特定の刺激に集中することができないことによって、日々の活動に生じる困難の程度	・『通常の学級に在籍する発達障害の可能性のある特別な教育的支援を必要とする児童生徒に関する調査』（文部科学省，2012）→「不注意」「多動性 - 衝動性」「対人関係やこだわり等」の質問項目 ・『特別支援教育のはじめの一歩 ―特別支援教育に携わる先生のための手引き―』（沖縄県立総合教育センター，2007） ※文部科学省の調査は、「ADHD 評価スケール（株式会社明石書店）」「高機能自閉症スペクトラムに関するスクリーニング質問紙（ASSQ）」を参考に作成されている
	多動性・衝動性	児童生徒が場にそぐわない行動を行うことによって、日々の活動に生じる困難の程度	
	こだわり	児童生徒の常同的・反復的興味や行動によって、日々の活動に生じる困難の程度	
	自己肯定感	児童生徒が自己に対して前向きな感情を持てないことによって、日々の活動に生じる困難の程度	・『KIDSCREEN (Health Related Quality of Life Questionnaire for Children and Young People and their Parents)』(Ravens-Sieberer, U. et al., 2005; The KIDSCREEN Group Europe, 2006) ・『自尊感情や自己肯定感に関する研究』（東京都教職員研修センター，2011）

領域	下位領域	定義	参考資料
生活面	社会生活機能	児童生徒の学校生活の基となるルールの理解や人間関係の形成における困難の程度	・『特別支援教育成果評価尺度（Special Needs Education Assessment Tool; SNEAT）』(韓・小原・上月, 2014)→「社会生活機能」領域
	コミュニケーション	児童生徒の学校生活における周囲の人との関わりや、意思疎通における困難の程度	・『特別支援学校学習指導要領解説　自立活動編』(文部科学省, 2009)→「コミュニケーション」領域 ・『通常の学級に在籍する発達障害の可能性のある特別な教育的支援を必要とする児童生徒に関する調査』(文部科学省, 2012)→〈行動面「対人関係やこだわり等」〉の質問項目 ・『特別支援教育のはじめの一歩　―特別支援教育に携わる先生のための手引き―』(沖縄県立総合教育センター, 2007)
学習面	聞く	児童生徒の学校生活における聞く能力の困難の程度	・『通常の学級に在籍する発達障害の可能性のある特別な教育的支援を必要とする児童生徒に関する調査』(文部科学省, 2012)→「学習面に関する質問項目」 ・『特別支援教育のはじめの一歩　―特別支援教育に携わる先生のための手引き―』(沖縄県立総合教育センター, 2007) ※文部科学省の調査は、「LDI-R LD診断のための調査票」(日本文化科学社)を参考に作成されている
	話す	児童生徒の学校生活における話す能力の困難の程度	
	読む	児童生徒の学校生活における読む能力の困難の程度	
	書く	児童生徒の学校生活における書く能力の困難の程度	
	計算する	児童生徒の学校生活における計算する能力の困難の程度	
	推論する	児童生徒の学校生活における推論する能力の困難の程度	

研究 Column

1 いままでの評価ツールとの大きな違い

　IN-Child Record がこれまでの様々な評価尺度と最も異なる点は、「ソリューションを提案できる」という点です。IN-Child Record の結果を基にして、パターン化及び細項目の分析を行うことで、「どこに、どんな教育的ニーズや課題を抱えているのか」「何が原因になっているのか」ということが具体的に見えてきます。見えてきた課題に対するソリューションが「IN-Child 個別の教育プラン」です。

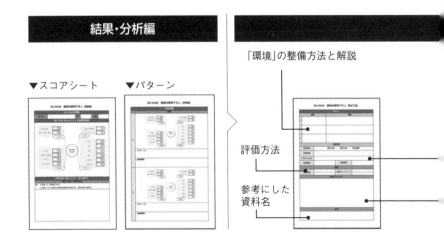

具体的な課題が見えれば、具体的な解決策が見えてきます。

「どんなプログラムが適切か」
「いつ、どのくらいの期間行うのか」
「どこで行うのか(学校、家庭など)」
「誰が行うのか」
「どこと連携した方がよいのか」

よりよいプラン作成のために、国内外問わず教育効果の認められている多様な教育実践を収集・分析し、「IN-Child 個別の教育プラン」が提案できます。

あとは、PDCA サイクルの中で、提案されたプランの実践と評価・修正を繰り返しながら、より子どもに寄り添った適切な支援を行っていくことができます。

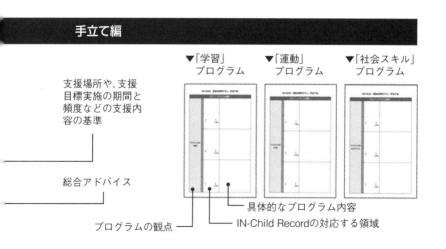

研究 Column

2 IN-Child Record の活用方法

「IN-Child 個別の教育プラン」は IN-Child Record の結果分析のみによる提案ですので、子どもの実態及び家庭や学校等の事情を考慮したうえで支援の参考にしてもらい、何らかの手助けができればと思っています。

たとえば、こんな支援が考えられます…

教員による教育的対応	継続的な教育的対応	多職種チームによる支援
・プランを実施するうちに、必要がなくなればいつやめても問題ありません。	・教育的な経過観察を行います。 ・それでも変化が見られない場合は、多職種とのチーム支援を検討してみましょう。	・家庭や放課後活動施設、行政といった、子どもを多面的に支える多職種チームを作るための科学的根拠として使用できます。また、医療との連携の必要性についても見えてくる場合もあります。 ・連携の際には、情報共有のための資料としても活用できます。

★ IN-Child Record の記入

IN-Child プロジェクトモデルの学校での運用事例。
・先生や保護者など、子どもの実態をよく知る人が記入します。
・必ずしも観察しながら記入しなければならないわけではありません。
・また、点数がつけにくいと感じた項目については、その観点で改めて子どもを観察して後ほど記入しても構いません。

すべての項目を記入したことを確認してください

IN-Child Record の分析・IN-Child 個別の教育プランの作成

・IN-Child Record の点数を総合的に分析し、教育的診断を行います。
・その教育的分析に基づいて IN-Child 個別の教育プランを作成します。

① **パターンの分析**

② **教育的課題の把握と考察**
  パターン分析と細項目の分析により、教育的課題を把握して考察
  特に影響している側面は、「生活面」「学習面」どちらなのか考察
  さらに、主な原因領域は何であるのか考察

③ **教育的課題に対する教育実践や指導法を検索**

④ **該当した文献を読み、効果のある指導法を選択**

⑤ **教育プランの執筆**
  教室の環境設定
  個別支援の指導プログラムの提案(運動・学習・社会スキル)

IN-Child 個別の教育プランを提案します

★プランの実施

・プランは必ず実施しなければならないわけではありません。
・もちろん、ICR の数値データだけでは見られない様子もありますので、子どもの実態を考慮したうえで提案されたプランを参考に、教育実践等に取り入れます。

研究 Column

プログラムの開発

IN-Child 個別の教育プランを提案するために、『文献収集』と同時に、『プログラム開発』を行っています。

『文献収集』

IN-Child Record の結果を基にして、ニーズの類似パターンに対する教育実践や指導法を国内外問わず検索し、教育効果の認められている多様な実践を収集・分析します。収集した中から効果的な実践を抽出し、プランを作成しています。

『プログラム開発』

各パターンに対する教育実践に関する全文献（研究論文や報告書など）を分析することにより、より効果的なプログラムを開発します。
プログラムは、「学習」「運動」「社会スキル」の3つの観点で開発し、効果検証を行います。

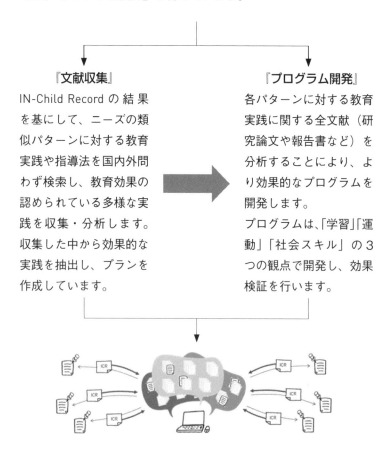

研究が進みデータが蓄積されることにより、パターンに適したプログラムの選択が整理され簡略化します。また、プラン実施後のフィードバックによって改善されたプランも蓄積されますので、より効果の高いプランの提案につながります。

あとがき

　最後までお読みいただきありがとうございます。あとがきから読んでいただいているという方ももちろん、数ある中からこの本を手に取ってくださってありがとうございます。この本は、はじめから順に読むことも、料理のレシピ本のように必要なところ、興味のあるところから読むこともできるようにと考えながら執筆いたしましたが、少しでも皆さまのお力になれましたでしょうか。
「こんな子いる、いる」「なるほど。あの子は○○にニーズがある子かもしれないから、この方法を試してみようかな」**『うちの子、発達障害じゃないんだ』**と、子どもに関わるすべての人たちの肩の荷が少しでも軽くなれば嬉しく思います。少しでも力が抜ければ、少しだけ子どものことがよく見えるようになりますし、少し見えれば何かできる余裕が生まれるのではないでしょうか。

　この本を出版するにあたって私の背中を押してくださったさくら舎の古屋信吾さんをはじめ、校閲やデザインを務めてくださった皆さまにお礼を述べさせていただきたいと思います。本を作るなら絵本のようにしたいというお願いを聞いてくださり、イラスト中心の素敵な本にしていただき、本当にありがとうございます。

　この本に収録している内容は、『IN-Child プロジェクト』という研究活動による成果のほんのひと握りです。この場を借りて、私が研究代表を務めるプロジェクトチームの紹介をさせていただきたいと思います。まずは、私のアイディアを形にするため日々個性豊かなメンバーをまとめ研究を引っ張っている統括リーダーの小原愛子さん（琉球大学教育学部講師）、この本のみならず IN-Child 関連のイラストをすべて描きながら個別支援のプロでもある小学校担当の太田麻美子さん（同大学特命助教）、「IN-Child (Inclusive Needs Child、読み：

インチャイルド)」という名前のアイディアを出し、数々の言葉を定義してきた中学校担当の矢野夏樹さん(同大学特命助教)、国境を超えるコミュニケーション能力をもってプロジェクトの推進力となり高校・成人版ツールの開発を担当している照屋晴奈さん(同大学特命助教)、すべての資料のデザインや研究チームの事務局となりチームを支えてくれる米水桜子さん(同大学特命一般職員)。

彼らや大学の学生たちからすると、私の研究アイデアは突拍子もないと感じることが多いようで、よく私の頭の中は宇宙みたいだと言われます。そんな私が初めて、教育現場を中心に何げなく使われていた「気になる子」という言葉に出合ったとき、たくさんの疑問が生まれ、そこから「IN-Child」が誕生したのです。まえがきにも述べましたが、そもそも「気になること」は人それぞれであり「気になる子」という言葉を使ってもよいのだろうか、効果的な指導や教育と多職種との連携はどのように行えばよいのだろうか、人間の「発達」に基準はあるのだろうかといった疑問です。それらの疑問はIN-Childの基本的な考え方となり、プロジェクトが発足する前の沖縄の小さな研究室で、IN-Childプロジェクトの**5つのポリシー**が生まれました。

①子どもを大人の目線で見るのではなく、また、大人の作った枠ではなく、子どもの枠で子どもを育てる
②人は変化するということを前提に、個人の「今」の「教育的ニーズ」を把握し、継続的な支援を行う
③人を取り巻く環境を整備するために、教育や医療、福祉分野との連携システムを構築する
④誰でもIN-Childプロジェクトに参加できるようにし、差別と

あとがき

　偏見をなくすように努力する
⑤国際的な観点を取り入れながら、国際的に通用する研究・実践
　をする

　こうしている今も、子どもたちは日々変化しています。「今」目の前にいる子どものニーズに誠実に応えれば、今後もたくさんの成功事例が生まれてくると確信しています。そして、それが当たり前になる世界を作るために私たちプロジェクトチームは研究を続けていきますので、どうぞよろしくお願いいたします。IN-Childプロジェクトに関する情報は、公式サイト（https://www.in-child.com/）から発信していますので、ぜひ一度のぞいてみてください。皆さまのお越しをお待ちしています。

参考文献

- 韓昌完・太田麻美子・權偕珍（2016）通常学級に在籍するIN-Child（Inclusive Needs Child: 包括的教育を必要とする子）Recordの開発. Total Rehabilitation Research, 3, 84-99.

- 大河内彩子・田高悦子（2014）「気になる子ども」の概念分析－保健・医療・保育・教育職の認識－. 横浜看護学雑誌, 7(1), 1-8.

- 韓昌完・矢野夏樹・小原愛子・權偕珍・太田麻美子・田中敦士（2017）IN-Child Recordの信頼性及び構成概念妥当性の検証.Total Rehabilitation Research,5,1-14.

- 石倉健二・仲村愼二郎（2011）「気になる子ども」についての保育者と小学校教員による気づきの相違と引き継ぎに関する研究. 兵庫教育大学研究紀要, 39, 67-76.

- 永井悟・相模健人（2003）小学校での担任教師からみた「気がかりな子」に対する対応についての研究－インタビュー手法を中心に－. 愛媛大学教育学部紀要 第1部教育科学, 50(1), 69-76.

- 文部科学省（2012）「通常の学級に在籍する発達障害の可能性のある特別な教育的支援を必要とする児童生徒に関する調査」

- 松本禎明・須川果歩（2014）発達障害の子どもの支援に関する小学校教諭の意識に関する調査研究. 九州女子大学紀要, 50(2), 169-185.

- 教育再生実行会議（2016）　首相官邸　教育再生実行会議　参考

- 喜多川泰（2005）『賢者の書』ディスカヴァー・トゥエンティワン. ISBN 978-4-88759-366-4

- 韓昌完（2017）「理解」に関する勉強会

- Hawlin, P., Goode, S., Hutton, J. and Rutter, M. (2009). Savant skills in autism : psychometric approaches and parental reports. Phil. Trans. R. Soc. B, 364, 1359-1367.

- Saloviita, T., Ruusila, L. and Ruusila, U. (2000). Incidence of Savant Syndrome in Finland. Perceptual and Motor Skills, 91, 120-122.

著者略歴

1969年、韓国春川市に生まれる。2005年に東北大学大学院医学系研究科、2011年に同大学大学院経済学研究科の後期博士課程を修了し、博士号（障害科学・経営学）を取得。韓国の又松大学医療社会福祉学科の助教授を経て、琉球大学教育学部特別支援教育専攻の教授となる。
2015年に、それまでの15年間の調査研究をもとに、教育現場で「気になる子」や「発達障害」という言葉のひとり歩きでひろがる間違った認識を正すべく「IN-Childプロジェクト」を立ち上げる。研究論文130本（うち、英語40本）を執筆、著書には『インクルーシブとQOLを考える肢体不自由教育』（Asian Society of Human Services 出版部）などがある。

その子、発達障害ではありません IN-Childの奇跡

2019年2月9日　第1刷発行
2020年4月7日　第12刷発行

著者	韓　昌完（ハン　チャンワン）
発行者	古屋信吾
発行所	株式会社さくら舎　http://www.sakurasha.com
	〒102-0071　東京都千代田区富士見1-2-11
	電話（営業）03-5211-6533
	電話（編集）03-5211-6480
	ＦＡＸ　03-5211-6481　振替　00190-8-402060
イラスト	太田麻美子
装幀	アルビレオ
本文・組版	株式会社システムタンク（白石知美）
印刷・製本	中央精版印刷株式会社

©2019 Han Chang Wan Printed in Japan
ISBN978-4-86581-185-8

本書の全部または一部の複写・複製・転訳載および磁気または光記録媒体への入力等を禁じます。これらの許諾については小社までご照会ください。
落丁本・乱丁本は購入書店名を明記のうえ、小社にお送りください。送料は小社負担にてお取り替えいたします。なお、この本の内容についてのお問い合わせは編集部あてにお願いいたします。定価はカバーに表示してあります。